La Independencia de México

*"En la emocionante zaga libertaria de la patria que amo,
florece como un sueño la ilusión de compartirla contigo"*

JMV

La Independencia de México
José Manuel Villalpando

Primera edición: Producciones Sin Sentido Común, 2019
Primera reimpresión: Nostra Ediciones, 2010
Primera edición: Nostra Ediciones, 2009

D.R. © 2019, Producciones Sin Sentido Común, S. A. de C. V.
Pleamares 54, colonia Las Águilas,
01710, Álvaro Obregón,
Ciudad de México

Texto © José Manuel Villalpando
Ilustraciones © José Julián Cicero Olivares

ISBN: 978-607-8469-72-7

Impreso en México

Prohibida su reproducción por cualquier medio
mecánico o electrónico sin la autorización escrita
del editor o titular de los derechos.

La Independencia de México

José Manuel Villalpando

Ilustraciones de Julián Cicero

ÍNDICE

- Introducción — 10
- Las reformas borbónicas — 14
- Nuevo rey y peores condiciones — 20
- La oportunidad de ser libres — 24
- La conspiración de Querétaro — 30
- El pensamiento libertario — 34
- El grito de Dolores — 38
- En pie de guerra — 44
- Genio militar y siervo de la nación — 54
- La resistencia insurgente — 66
- Hacia la libertad — 72
- La consumación de la Independencia — 78
- Cronología — 88
- Bibliografía — 94

Introducción

Desde la segunda mitad del siglo XVIII diversos acontecimientos de todo orden (político, económico y social), prepararon el terreno para que en 1810 comenzara en la Nueva España la guerra de Independencia. Los aires libertarios comenzaron a recorrer el mundo a través de las ideas de la Ilustración y el Enciclopedismo: en 1776 comenzó la Independencia de Estados Unidos y en 1789 estalló la Revolución francesa en contra del absolutismo, reivindicando los derechos del hombre y del ciudadano.

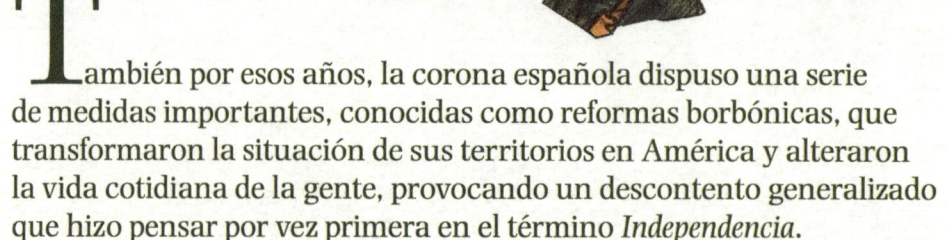

También por esos años, la corona española dispuso una serie de medidas importantes, conocidas como reformas borbónicas, que transformaron la situación de sus territorios en América y alteraron la vida cotidiana de la gente, provocando un descontento generalizado que hizo pensar por vez primera en el término *Independencia*.

1808 fue un año crucial. Napoleón Bonaparte invadió España y tanto el rey Carlos IV, como su hijo Fernando VII, abdicaron a su favor y Napoleón cedió la corona a su hermano José. Esto propició un alzamiento generalizado por parte de los españoles en contra de los invasores franceses. En América, las alarmantes noticias llevaron a los criollos a considerar que ante la ausencia del legítimo rey, el pueblo podría reasumir la soberanía y gobernarse a sí mismo. Los miembros del Ayuntamiento de la ciudad de México que sostenían esta idea, fueron encarcelados por los españoles avecindados en la Nueva España; al año siguiente, en 1809, otra conspiración que iba en el mismo sentido fue descubierta. Pero la conciencia libertaria había prendido en algunos sectores de la población y una nueva conspiración comenzó a organizarse en Querétaro. En ella participaron personajes que luego serían reconocidos por la historia, como el corregidor don Miguel Domínguez y doña Josefa Ortiz de Domínguez; el cura Miguel Hidalgo y Costilla y los capitanes Allende y Aldama, entre otros.

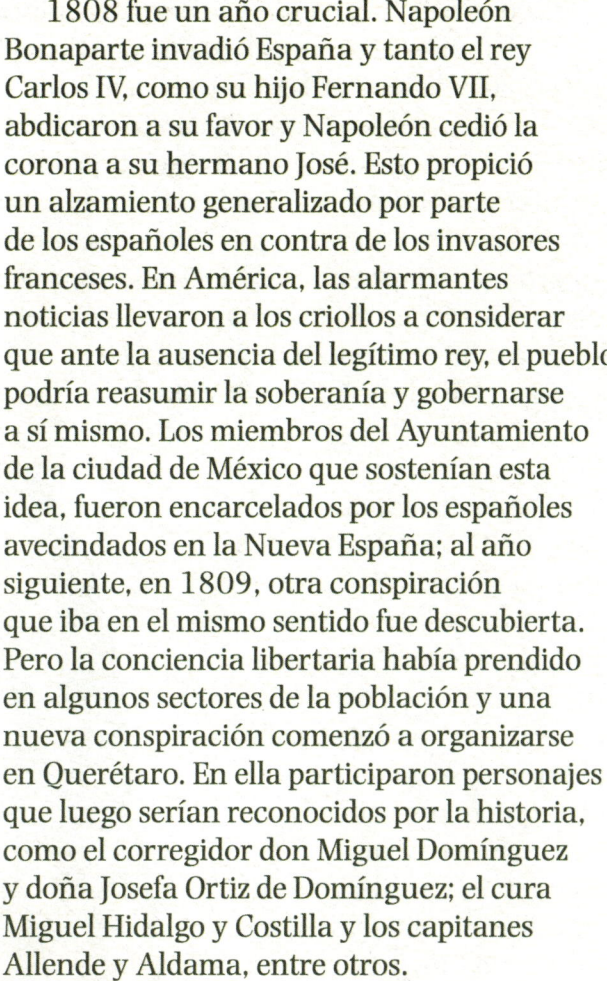

Los conspiradores fueron descubiertos y decidieron apresurar el levantamiento armado que preparaban: en la madrugada del 16 de septiembre de 1810, el cura Miguel Hidalgo y Costilla convocó al pueblo a tomar las armas contra el mal gobierno. Fue así que comenzó la guerra de Independencia.

El proceso de Independencia duró exactamente 11 años y tuvo cuatro etapas. La primera fue encabezada por Miguel Hidalgo e Ignacio Allende y comprendió de septiembre de 1810 a julio de 1811. Se caracterizó por ser un movimiento desordenado y caótico que alcanzó algunas victorias sangrientas, pero debido a la indisciplina de las tropas y al desencuentro que tuvieron Hidalgo y Allende en la forma de dirigir la revolución, terminó por fracasar. Aun así, Hidalgo pudo expedir dos decretos importantes en diciembre de 1810: la abolición de la esclavitud y la restitución de tierras. Esta etapa concluyó con el fusilamiento de Allende, Aldama y Jiménez, el 26 de junio de 1811 en Chihuahua y un mes después, el 30 de julio, el de Hidalgo.

La segunda etapa comprendió de 1811 a 1815 y fue encabezada por José María Morelos y Pavón en el sur de la Nueva España. Este periodo se caracterizó por varias exitosas campañas militares de Morelos y porque fue él quien, por primera vez, le dio al movimiento insurgente la posibilidad de organizarse políticamente, al declarar la Independencia absoluta de España y proponer la organización de una república representativa para la nueva nación, promulgando una Constitución. Morelos se dio a conocer como un gran estratega y un excelente estadista, y esta etapa concluyó con su captura y fusilamiento.

México inició su guerra de Independencia en 1810 y la concluyó en 1821.

La tercera etapa abarcó de 1816 a 1820. Fue un periodo de resistencia porque el movimiento insurgente vino a menos. Siguieron en pie de guerra hombres como Guadalupe Victoria, Vicente Guerrero, Nicolás Bravo, Juan Álvarez y Xavier Mina, entre otros; sin embargo, ningún hecho de armas puso en peligro la permanencia de la autoridad virreinal o acercó a los insurgentes al triunfo definitivo.

La última etapa se desarrolló en 1821 y fue encabezada por Agustín de Iturbide. El conocido militar había combatido a los insurgentes unos años atrás, pero en 1821 fue buscado por los peninsulares para que encabezara un nuevo movimiento de Independencia, que poco tenía que ver con lo que había soñado Morelos en su momento, es decir, una patria independiente con una forma de gobierno republicana, pero que sí buscaba la libertad absoluta de España.

Iturbide logró reunir a peninsulares, criollos —hijos de españoles nacidos en América—, a los viejos insurgentes y al pueblo en general, los convenció de que era necesaria la Independencia y propuso una monarquía constitucional moderada. Así, con el apoyo de insurgentes y el de otros oficiales criollos organizó el ejército trigarante, con el cual logró consumar la Independencia el 27 de septiembre de 1821.

Las reformas borbónicas

Con la finalidad de explotar más racional y eficientemente a sus territorios en América, en la segunda mitad del siglo XVIII, el rey Carlos III resolvió aplicar una serie de medidas económicas, políticas y sociales, conocidas como reformas borbónicas, que transformaron por completo la vida en la Nueva España, el Perú, la Nueva Granada, Chile y el nuevo virreinato de La Plata. Sin embargo, el esfuerzo reformador y modernizador se realizó particularmente en México, puesto que el rey se dio cuenta de su riqueza potencial y de los beneficios que podría traer para España.

La Ilustración:
para el pueblo pero sin el pueblo

A partir del año de 1760, el rey de España, Carlos III, se propuso modernizar la monarquía española, inspirado en las ideas filosóficas francesas conocidas como la Ilustración, que consistían fundamentalmente en el uso de la razón y de la ciencia para mejorar el gobierno. De esta manera, el rey de España pensaba "dar felicidad a los súbditos pero sin ellos": las altas decisiones de estado serían tomadas exclusivamente por el círculo cercano al monarca —los llamados "ilustrados"—, puesto que no se permitía al pueblo participar debido a su escasa educación, además de que estaba prohibida la lectura de obras francesas.

Para ello, el rey envió como virreyes a México a hombres de armas y a militares destacados que aplicarían con todo rigor las reformas, con órdenes expresas de sofocar por la fuerza cualquier tipo de motín o disturbio que pudiera suscitarse con motivo de ellas.

Por eso, la primera gran reforma borbónica —llamada así por el apellido de la casa real española: los Borbones—, fue crear el ejército en la Nueva España, institución que antes no existía y que permitió crear nuevas fuentes de empleo así como fomentar la movilidad social, pero al mismo tiempo constituyó la base para que se formara una elite entre la oficialidad, la cual, atenta a sus privilegios y prerrogativas, pronto se corrompería y se convertiría en el mayor problema de México en el siglo XIX.

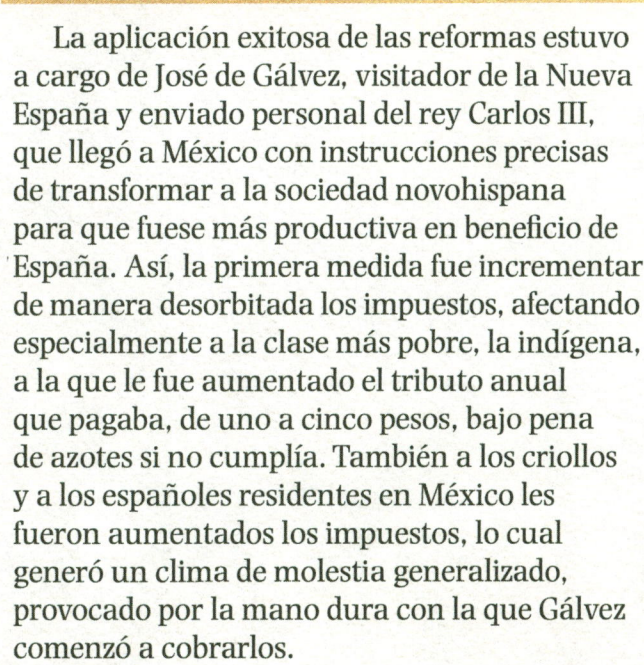

La aplicación exitosa de las reformas estuvo a cargo de José de Gálvez, visitador de la Nueva España y enviado personal del rey Carlos III, que llegó a México con instrucciones precisas de transformar a la sociedad novohispana para que fuese más productiva en beneficio de España. Así, la primera medida fue incrementar de manera desorbitada los impuestos, afectando especialmente a la clase más pobre, la indígena, a la que le fue aumentado el tributo anual que pagaba, de uno a cinco pesos, bajo pena de azotes si no cumplía. También a los criollos y a los españoles residentes en México les fueron aumentados los impuestos, lo cual generó un clima de molestia generalizado, provocado por la mano dura con la que Gálvez comenzó a cobrarlos.

El rey Carlos III, quien no confiaba en los novohispanos, quiso también impedir el acceso de los criollos y de los mestizos a los cargos públicos y eclesiásticos. Ordenó que todos los puestos vacantes fuesen cubiertos por españoles auténticos, provenientes de Europa, aun cuando no fuesen los sujetos idóneos para atenderlos.

También, y para controlar la movilidad social que se daba en América con los matrimonios que libremente se concertaban entre las diversas clases, prohibió que se casaran entre desiguales, es decir, no podían contraer matrimonio un español con una criolla, o una mestiza con un español, o un negro con un indio o una mulata con un criollo.

Clasificación de castas en la nueva España

Español con india: mestizo.
Mestizo con española: castizo.
Castizo con española: español.
Español con negra: mulato.
Mulato con española: morisco.
Morisco con española: salta pa'trás.
Salta pa'trás con india: chino.
Chino con mulata: lobo.
Lobo con mulata: gíbaro.
Gíbaro con india: albarrazado.
Albarrazado con negra: cambujo.
Cambujo con india: sambaygo.
Sambaygo con mulata: calpan mulata.
Calpan mulata con sambaygo: tente en el aire.
Tente en el aire con mulata: no te entiendo.
No te entiendo con mulata: ahí te estás.

No todo fue malo, sin embargo. Consciente de que debía alentar a sus súbditos americanos, el rey Carlos III ideó dos instituciones que, en el caso mexicano, han trascendido hasta nuestros días.

Primero, para fomentar las artes, fundó la Academia de San Carlos, en donde se estudiaría pintura, escultura, grabado y arquitectura; y en segundo lugar, para estimular la ambición popular y dotar de fondos a las instituciones de beneficencia, estableció la Lotería de San Carlos, que hoy conocemos como Lotería Nacional.

Curiosamente, la primera manifestación de los aires reformistas que llegó a América con los borbones sería la expulsión de los jesuitas de todo el imperio español, en 1767. El rey Carlos III aborrecía a la Compañía de Jesús, pues, al igual que sus principales consejeros, estaba convencido de que eran los creadores y difusores de ideas contrarias al espíritu de la Iglesia, adversas también a la política real y que estaban cargadas de fanatismo, sedición y de desobediencia al gobierno. En parte era cierto; los jesuitas eran una institución de avanzada, revolucionaria diríamos hoy, ya que uno de sus primeros miembros, Francisco Suárez, había escrito en el siglo XVI un libro en el cual defendía las ideas de la soberanía popular, de la desobediencia legítima y del tiranicidio, es decir, el derrocamiento del monarca cuando gobierna despóticamente.

Así, la madrugada del 25 de junio de 1767, en todo el territorio de la Nueva España se procedió a ejecutar la orden real por la cual se expulsaba del imperio español a todos los miembros de la Compañía de Jesús. En todos los templos, casas, colegios y misiones que los jesuitas tenían en el territorio, se presentaron las autoridades, apoyadas por soldados, e informaron a los sacerdotes la inaplazable disposición, que sólo les concedía unos minutos para tomar sus objetos personales y su breviario, para inmediatamente después, encadenarlos y echarlos a la calle, obligándolos a ir caminando hasta el puerto de Veracruz, donde serían embarcados con destino a Italia.

Pero lo más impactante, lo que dejó un recuerdo imperecedero en la mente de todos los novohispanos, fue la lectura del bando que quedó pegado en las puertas de templos y colegios. En ese comunicado, el virrey, marqués de Croix, hacía saber a los habitantes de la Nueva España que la expulsión de los jesuitas la había dispuesto el rey de España por razones que "guardaba en su real pecho" y que estaba totalmente prohibida y castigada con pena de muerte cualquier demostración o intento de liberar a los padres, pues, según decía, "de una vez para lo venidero deben saber los súbditos del gran monarca que ocupa el trono de España, que nacieron para callar y obedecer y no para discurrir ni opinar en los asuntos del gobierno". La opinión del rey definía con toda precisión lo que era el despotismo.

Jesuitas en México

Los jesuitas llegaron a las costas de Veracruz en 1572. Desde entonces se dedicaron a la evangelización y a la fundación de colegios, entre ellos el de San Ildefonso y el templo de la Profesa, en la ciudad de México, y el Colegio y templo de la Compañía en Guanajuato (hoy Universidad de Guanajuato). Instituyeron asimismo, para impulsar la evangelización, las misiones en muchas zonas del país, como las de la Baja California, de los Tepehuanes, y posteriormente en la sierra Tarahumara.

Entre sus miembros más notables en la historia mexicana destacan Eusebio Kino, Francisco Xavier Clavijero o el beato Miguel Agustín Pro. Muchos personajes fueron discípulos de los jesuitas, como don Miguel Hidalgo, o recibieron su influencia indirecta, como José María Morelos o Carlos María Bustamante.

Nuevo rey y peores condiciones

A LA MUERTE DE CARLOS III, SUBIÓ AL TRONO DE ESPAÑA SU HIJO, CARLOS IV, QUIEN NO TENÍA LA INTELIGENCIA DE SU PADRE. COMO NO LE GUSTABA GOBERNAR, CONFIÓ LOS DESTINOS DEL IMPERIO ESPAÑOL A UN JOVEN OFICIAL DE LA GUARDIA REAL, FAVORITO DE LA REINA, DE NOMBRE MANUEL GODOY, QUE A LA POSTRE SE CONVERTIRÍA EN EL HOMBRE MÁS PODEROSO DE ESPAÑA. SIN EMBARGO, SU AMBICIÓN Y SU CORRUPCIÓN PRONTO LLEVARÍAN A LA RUINA A ESPAÑA Y CON ELLA, ARRASTRARÍA A LAS COLONIAS AMERICANAS HACIA LA INDEPENDENCIA.

En efecto, con tal de quedar bien con Francia y especialmente con su emperador, Napoleón Bonaparte, Godoy decidió convertirse en su aliado para luchar contra Inglaterra. La corona española ordenó la construcción de una gran flota de guerra que ayudara a Francia y permitiera el dominio de los mares.

Con el objeto de conseguir recursos para esta empresa, emitió vales o certificados que el pueblo podía obtener; pero como nadie quiso comprarlos, obligó a los americanos a adquirirlos forzosamente, mediante el truco de decirles que se trataba de un préstamo patriótico. De esta manera se pudo construir la gran flota, que Carlos IV y Godoy pusieron al servicio de sus aliados franceses.

La historia de esas naves de guerra fue de corta duración: el 5 de octubre de 1805, frente a las costas españolas, fueron hundidas la mayoría de ellas junto con los navíos franceses, en la famosa batalla de Trafalgar, en la cual la escuadra inglesa al mando del almirante Horacio Nelson derrotó a franceses y españoles.

Había sido inútil, por lo tanto, el desembolso que muchos americanos hicieron. Se dio el caso de que ricos criollos, mineros sobre todo, aportaron lo suficiente para construir y dotar de equipo a buques enteros, los cuales fueron a dar al fondo del océano. Pero tras la tragedia naval, vino la tragedia económica: el rey debía pagar las deudas de la corona y no tenía dinero para hacerlo.

Entonces, Carlos IV, con el consejo de su ministro Godoy, ideó una manera para obtener el dinero que se requería con urgencia. Decidieron expropiar a favor de la corona los derechos de crédito que la Iglesia —a través de los juzgados de capellanías— tenía en contra de miles de personas que habían recurrido a los préstamos a largo plazo y bajo interés que proporcionaba el único banco autorizado para operar en el imperio español, la Iglesia.

El golpe iba dirigido particularmente hacia las colonias americanas de España, donde estos juzgados operaban con mayor éxito. La economía novohispana estaba fincada sobre el crédito de los juzgados de capellanías y al ordenar el rey su expropiación, la corona se convirtió en el acreedor de miles de deudores, a quienes se exigió el pago de sus deudas en el plazo máximo de un año, bajo la pena, de no hacerlo, de que los bienes señalados como garantías serían embargados a favor del rey.

Los juzgados de capellanías eran fundaciones en las cuales la gente con recursos, a su muerte, podía dejar una importante cantidad de dinero que administraba la Iglesia y la cual podía ser puesta a disposición de algún heredero del difunto que deseara seguir la carrera eclesiástica; podía también ser utilizada para obras pías o de beneficencia, o bien, la Iglesia podía prestar dicha cantidad a largo plazo y bajo interés.

La aplicación de esta medida causó la ruina de muchos novohispanos, pues las empresas y negocios quebraron, hubo desempleo y la desesperación general llegó al máximo. Sólo faltaba una chispa para encender la insurrección.

La oportunidad de ser libres

EN EL MES DE MAYO DE 1808, UN IMPORTANTE ACONTECIMIENTO CAMBIÓ LA SITUACIÓN EN ESPAÑA Y POR CONSIGUIENTE EN SUS COLONIAS EN AMÉRICA. NAPOLEÓN BONAPARTE, APROVECHANDO QUE EL REY CARLOS IV Y SU MINISTRO GODOY LE HABÍAN PERMITIDO EL PASO DE SUS TROPAS POR TERRITORIO ESPAÑOL —CON EL FIN DE LLEGAR A PORTUGAL—, DECIDIÓ INVADIR ESPAÑA.

Al conocerse la noticia de que las tropas francesas avanzaban hacia Madrid, el pueblo español se amotinó frente al palacio de Aranjuez y exigió la abdicación del rey y la dimisión del ministro. Atemorizado, el monarca accedió a los deseos populares y cedió la corona a su hijo, Fernando VII. Éste, sin embargo, no pudo hacer nada para oponerse al avance francés, y al ser tomada la capital por los invasores, el pueblo se levantó en armas, aunque inútilmente, pues fue sacrificado por las tropas francesas, que acabaron con la sublevación a sangre y fuego.

Napoleón tomó prisioneros al nuevo monarca y a su padre llevándolos a Francia, donde los obligó a renunciar a la corona española y a designarlo a él como nuevo rey. Una vez logrado su objetivo, por el pánico que le tenían los dos reyes borbones, Napoleón cedió su nueva corona a su hermano José Bonaparte, a quien designó rey de España.

Comenzó entonces la guerra de Independencia española, realizada por un pueblo que no aceptaba al monarca extranjero y pedía la liberación de su rey natural, Fernando VII. Los restos de las tropas españolas y miles de guerrilleros disputaron palmo a palmo el territorio a los franceses e incluso llegaron a derrotarlos. Las victorias dieron aliento a la insurrección y pronto los españoles comenzaron a organizarse en defensa de sus derechos, reuniéndose en juntas provinciales en las que, según la tradición más ortodoxa, reasumían la soberanía nacional por la ausencia del monarca legítimo, señalando que gobernarían en su lugar hasta que aquél regresara.

La noticia de estos acontecimientos llegó pronto a la Nueva España y propició una gran agitación política, al igual que en toda la América española. La prisión del rey constituía una excelente oportunidad para cumplir con un viejo sueño criollo que permanecía latente desde hacía muchos años: la Independencia.

Un sentimiento común recorrió los cuatro virreinatos españoles en América —México, Perú, Nueva Granada y La Plata—, captando las simpatías de todos aquellos que tenían algún agravio en contra de España. La situación empeoró aún más cuando los españoles residentes en América se vieron amenazados por los criollos y decidieron oponerse a cualquier intento de Independencia.

En México, las cosas no fueron diferentes: los criollos del Ayuntamiento —el órgano de gobierno— de la ciudad capital, que tenían buena influencia sobre el virrey, entendieron que la prisión del rey y la invasión francesa a España era la oportunidad para alcanzar, de manera pacífica, la Independencia, y para ello contaron con la ayuda del virrey José de Iturrigaray, quien estaba enemistado con los españoles y quien, además, tenía fama de ser un hombre corrupto.

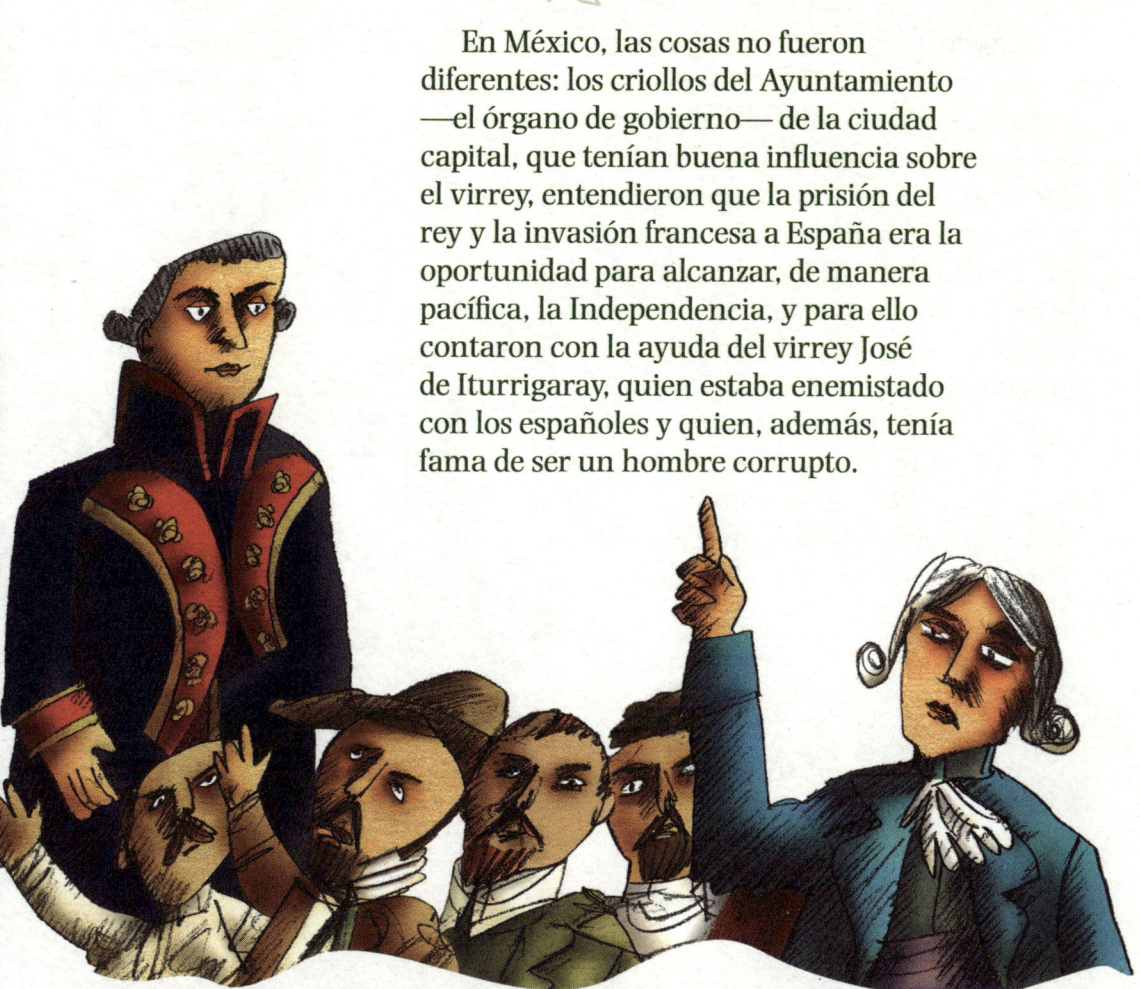

El virrey estaba informado que la Audiencia, formada por españoles, había pedido su destitución y que estaba por llegar a México la orden correspondiente; en consecuencia, para mantenerse en el poder y evadir los cargos que podrían formularse en su contra, decidió apoyar a los criollos del Ayuntamiento, quienes le sugirieron que utilizara el viejo procedimiento español de llamar a Cortes, para que en ellas los representantes del pueblo y de las diferentes clases sociales manifestaran su parecer. Allí, los representantes del Ayuntamiento, encabezados por el síndico Francisco Primo de Verdad, expresarían el sentir de los criollos, sustentado en importantes argumentos de orden político y jurídico.

Cuando las cortes novohispanas se reunieron, en septiembre de 1808, Primo de Verdad manifestó que debido a la ausencia del rey, el pueblo recobraba la soberanía, y ésta sería ejercida por las autoridades constituidas, lo que de hecho, en pocas palabras, significaba la Independencia. Sin embargo, los españoles se opusieron y su portavoz, el Inquisidor de la Nueva España, afirmó que los conceptos expresados por Primo de Verdad eran contrarios a la religión y condenados por la Iglesia.

Por más que los representantes del Ayuntamiento demostraron que el mismo argumento se había utilizado en España con el apoyo de la Iglesia, los españoles no cedieron y el 15 de septiembre por la noche, aquellos que vivían en la ciudad de México pusieron preso al virrey y a los miembros del Ayuntamiento. Al primero lo enviaron preso a España, y a Primo de Verdad lo asesinaron días después. Fracasó así el primer intento de realizar la Independencia de México.

Pero este fracaso no desalentó a los criollos. Al año siguiente fue descubierta otra conspiración en Valladolid, hoy Morelia, donde algunos jóvenes oficiales criollos, pertenecientes al ejército del rey, intentaban alzarse con sus regimientos y batallones para acabar con el dominio español. Sin embargo, fueron denunciados y puestos en prisión.

Francisco Primo de Verdad, nacido en Jalisco, fue abogado y recibió su educación en la capital del país, donde llegó a ser síndico en el Ayuntamiento. Influido por las ideas de la Ilustración, estaba convencido de que la soberanía reside en el pueblo y fue uno de los principales impulsores, frente a la ocupación francesa en España en 1808, de la autonomía novohispana enarbolada desde el Ayuntamiento de la ciudad de México, lo cual le costó la cárcel. Murió asesinado en las celdas del Arzobispado el 4 de octubre de 1808.
En 2006 fue declarado Benemérito en grado heroico por el Congreso del estado de Jalisco.

Afortunadamente para ellos, el nuevo virrey, que también era arzobispo de México, Francisco Javier de Lizana, se decidió por la clemencia en lugar de una represión brutal.

La conspiración de Querétaro

Hacia 1810, los ánimos continuaban caldeados en todas partes. Se decía que los novohispanos "estaban muy dispuestos a una insurrección general". Era cierto. En Querétaro, una nueva e importante conspiración sucedió a la de Valladolid.

La conspiración estaba encabezada esta vez por el corregidor de la ciudad, el licenciado Miguel Domínguez —a quien odiaban los españoles por haber denunciado el trato inhumano que daban a sus trabajadores en los obrajes de telas— y su esposa, doña Josefa Ortiz de Domínguez, cuyo entusiasmo daba vida a las reuniones.

Sin embargo, el más activo de los conspiradores era un oficial de cuarenta años de edad, acantonado en la villa de San Miguel, que tenía el grado de capitán en el regimiento de Dragones de la Reina: Ignacio Allende. Él había participado en la conspiración de Valladolid y ahora se sumaba con empeño a la de Querétaro.

La primera mujer que registra nuestra historia como una decidida y denodada insurgente lo fue Josefa Ortiz de Domínguez. Su participación no concluyó al notificar a los conspiradores que habían sido descubiertos. Mantuvo su convicción independentista a pesar de las flaquezas de su marido —quien siguió sirviendo a la autoridad virreinal—, y llegó a ser encerrada en un convento, por órdenes de Calleja, acusada de ser una nueva "Ana Bolena" que insistía en seducir a los habitantes de Querétaro para que se unieran a la causa.

Pero los conspiradores de Querétaro, que eran decenas, se encontraron frente a un problema de conciencia, pues no sabían cómo hacer que su movimiento fuera legítimo ante los ojos del pueblo y éste lo apoyara; tampoco sabían cómo lograr la Independencia sin hacer sentir que traicionaban al rey de España. Necesitaban una figura que se erigiera como líder indiscutible de las masas y que significara una autoridad incuestionable, es decir, alguien de la Iglesia, un representante de Dios en la tierra. Un nombre brotó al unísono: el cura Miguel Hidalgo y Costilla.

Los conspiradores lo conocían bien: Hidalgo era el cura más famoso y notable de todo el Bajío mexicano. Tenía fama de ser un hombre virtuoso, culto, inteligente, que "lucía como un astro, brillante por su ciencia", como le dijo el arzobispo tiempo después. Además, era muy popular y querido por pobres y ricos, por españoles, por criollos y por los indios, quienes veían en él a una especie de padre protector. Tenía otros puntos a su favor: a lo largo de los años y gracias a su don de gente, Hidalgo había constituido una red de relaciones por todas partes; en cada lugar había quien lo conociera y estimara, los importantes y los desconocidos, las autoridades y los comerciantes, los agricultores y los peones, los artesanos y los mineros, todo mundo sabía quién era.

A principios de 1810, Allende fue el comisionado para invitar al padre Hidalgo a unirse a la conspiración de Querétaro. Al principio, el cura de Dolores se resistió. Él mismo explicó que "aunque había tenido varias conversaciones con Allende acerca de la Independencia, eran de puro discurso, no obstante su convicción de que la Independencia sería útil al país, sin pensar nunca en entrar en proyecto alguno, a diferencia de Allende, quien estaba siempre dispuesto a hacerlo". Sin embargo, poco se necesitó para convencerlo.

Miguel Hidalgo aceptó, quizás en contra de una parte de sí mismo, que deseaba continuar la vida que hasta entonces había llevado. Pero otra parte se rebelaba en contra del despotismo, animándolo a hacer algo, y ésta fue la que venció al final y lo llevaría a convertirse en el Padre de la Patria.

Virgen insurgente

Hidalgo supo darle un carácter particular y concreto al levantamiento armado: el guadalupanismo. Todas las tropas portaban imágenes de la Virgen de Guadalupe.

Más tarde se llamarían "guadalupes" los miembros de la sociedad secreta que en la ciudad de México trabajaban por la Independencia; y uno de los últimos insurgentes adoptaría su nombre como señal inequívoca de fe en el triunfo final de la causa, Guadalupe Victoria.

A su vez, para contrarrestar la influencia que la Virgen de Guadalupe tenía en los insurgentes, Venegas mandó traer de su santuario a la Virgen de los Remedios y la convirtió en la bandera de la causa realista.

Claro está que desde el momento de convertirse en un conspirador supo a lo que se enfrentaba. Quizás adivinó que el proyecto le costaría la vida. Resignado, así se lo dijo a Allende: "sepa usted, Ignacio, que los autores de semejantes empresas no gozan nunca del fruto de ellas"; pero no se arrepintió. Más adelante, al sentirse fatigado por la guerra, como un reproche velado, les dijo a los que lo seguían: "yo disfrutaría de una vida dulce, suave y tranquila, si el deseo de vuestra felicidad no me hubiese hecho tomar las armas".

El pensamiento libertario

Hidalgo se unió a la conspiración y su propio carácter e inteligencia pronto lo convirtieron en el caudillo. Hasta Allende, que era el militar de mayor experiencia, aceptó el liderazgo que el cura de Dolores ejercía sin la intención de mandar.

De inmediato el padre se encargó de involucrar a sus conocidos, comenzando con su hermano Mariano, que trabajaba para él en sus industrias. Luego, a los artesanos del rumbo y a los capataces de las haciendas y a todo aquel que le merecía confianza. A cada uno le repetía las mismas ideas para convencerlos: "no conviene que siendo mexicanos, dueños de un país tan hermoso como rico, continuemos por más tiempo bajo el gobierno de los españoles. Éstos nos extorsionan, nos tienen bajo un yugo que ya no es posible soportar por más tiempo; nos tratan como si fuéramos sus esclavos; no somos dueños de hablar con libertad; no disfrutamos de los frutos de nuestro suelo, porque ellos son los dueños de todo; pagamos tributo por vivir en lo que es de nosotros; estamos bajo la más tiránica opresión. ¿No te parece que esto es una injusticia?". Y con estos argumentos iba transformando a sus amigos en partidarios.

El cura era un hombre ilustrado y de muchas lecturas. Conoció los documentos fundamentales de la Independencia de los Estados Unidos, donde se proclamaba el derecho del pueblo a cambiar la forma de gobierno cuando éste era destructivo y contrario a la libertad y la felicidad de sus habitantes, y donde se definía el concepto de "buen gobierno" (que utilizaría muchas veces), entendido como el que crea las condiciones para que el hombre progrese y sea feliz.

También era un lector voraz de los escritores franceses de la Ilustración, como Voltaire y Rousseau, pero quizá lo que mayor impacto le causó fue el primer fruto de la Revolución francesa, la *Declaración Universal de los Derechos del Hombre y del Ciudadano*, donde se consignaba como un derecho natural del ser humano el "oponerse a la opresión", que mucho se asemejaba a lo que decían las verdaderas fuentes de su pensamiento: la teología tradicional católica.

En efecto, el ánimo libertario y el espíritu de rebeldía frente al déspota, lo aprendió en sus libros de texto del Colegio de San Nicolás (del cual fue rector) y luego en las demás obras católicas en las que estudiaba, preparaba sus clases y fundamentaba sus disertaciones.

El pensamiento de Hidalgo

Además de sus diversas lecturas, Hidalgo encontró el origen de sus ideas políticas y libertarias en dos obras: en *Defensa de la fe católica*, el jesuita Francisco Suárez, explicaba la idea de la soberanía popular y del pacto existente entre el gobernante y el pueblo, que cuando se rompe, admite que éste quede en libertad para deponerlo, como un derecho de legítima defensa en contra del opresor.

La segunda obra fue el *Curso de Teología* de Carlos Renato Billuart, quien sostenía que "la república, mediante las representaciones reunidas del reino, puede proceder contra el tirano, exponiéndolo o sentenciándolo a muerte, si no hay otro remedio, porque dicen que el rey tiene recibida de la república la autoridad regia, no para destruirla sino para levantarla y conservarla; y consiguientemente la misma república puede quitarlo, si el rey actúa para su manifiesta perdición".

Tiempo después, cuando fue procesado, Hidalgo hizo saber a sus jueces las razones que lo llevaron al levantamiento. Lo acusaron de calificar al gobierno español de "tiránico y despótico, que ha tenido esclavizada la América por trescientos años, y a los españoles europeos de tiranos y déspotas, usureros, ambiciosos, enemigos de la felicidad de América, impíos, traidores, libertinos, asesinos de la religión, del rey y de la patria".

Por eso mismo, a cada uno de los que se unía a la causa de la Independencia les repetía lo mismo: "se trata de quitarnos este yugo, haciéndonos independientes. Deponemos al virrey, le negamos obediencia al rey de España y seremos libres. Pero para esto es necesario que nos unamos todos y nos aprestemos con toda voluntad. Hemos de tomar las armas para correr a los gachupines y no consentir en nuestro suelo a ningún extranjero. ¿Qué dices? ¿Tomas las armas y me acompañas para verificar esta empresa?" Y así los continuaba persuadiendo.

Según Fray Servando Teresa de Mier, el término "gachupín" deriva de *cactli*, zapato, y *tzopini*, cosa que espina o punza; de lo cual resulta la palabra compuesta *catzopini*: hombres con espuela; término apropiado para los hombres a caballo que participaron en la conquista de México. El vocablo "gachupín" no fue en un principio ofensivo ni desdeñoso, sino simple término usado para designar al sujeto nacido en España.

Otra versión señala que la palabra significa el que calza chapines: de *cactli*, calzado, y *chapín*, el zapato de tacón alto que usaban los conquistadores.

El grito de Dolores

Con los herreros de su confianza, Hidalgo mandó fabricar cientos de lanzas y espadas. Luego, en una visita a Guanajuato, le pidió a un amigo suyo un tomo de la famosa *Enciclopedia*, obra culminante de la Ilustración francesa y que contenía el saber universal, en el cual venía un artículo sobre la fabricación de cañones, con cuyos diseños ordenó la construcción de un par de ellos. Mientras tanto, Allende seguía reuniendo cada vez más partidarios, y logró poner de su lado a varios de los regimientos de Dragones de la Reina de San Miguel y de Celaya, así como a otros cuerpos de tropas. Los conspiradores se hacían cada vez más fuertes, recibiendo el apoyo clandestino de hombres que vivían en ciudades importantes como San Luis Potosí e incluso, en la ciudad de México.

Tan avanzados estaban ya los trabajos, que los conspiradores de Querétaro fijaron una fecha tentativa para el levantamiento: el 8 de diciembre de 1810, día universal de la Inmaculada Concepción y fecha en la que también se celebraría la feria en honor de Nuestra Señora de San Juan de los Lagos, la patrona del Bajío, motivo por el cual se reunía en la ciudad una gran cantidad de gente.

Sin embargo, contra la opinión de Allende, que no deseaba empezar sino hasta que contaran con suficientes partidarios "para que por un movimiento simultáneo se echasen a un tiempo sobre los europeos en toda la extensión del país", se decidió adelantar la fecha del alzamiento para los primeros días de octubre.

Pero los acontecimientos se precipitaron. Entre tantos implicados no faltó alguno que delatara la conspiración. Se puso en movimiento la maquinaria del gobierno y pronto se giraron instrucciones para catear los domicilios y aprehender a los conspiradores. La orden la recibió el corregidor de Querétaro, Miguel Domínguez, quien se vio obligado a inspeccionar la casa de sus amigos comerciantes Emeterio y Epigmenio González, donde se encontraban almacenadas gran cantidad de armas. Contra su voluntad, los puso presos, no sin antes encerrar en su recámara a su esposa, doña Josefa, para que no se inmiscuyera en las pesquisas que daban al traste a la conspiración.

Aun así, doña Josefa logró hablar con el alcaide Pérez, otro de los conspiradores, y le pidió que avisara a Allende que habían sido descubiertos. Pérez salió inmediatamente a todo galope con rumbo a San Miguel, donde Allende había sido informado a su vez de que el intendente Riaño había ordenado su arresto, por lo cual escapó hacia Dolores, para buscar refugio en la casa del padre Hidalgo y convenir con él los pasos a seguir.

El alcaide Pérez, al llegar a San Miguel y tratar de localizar a Allende, sólo encontró al capitán Juan Aldama, con quien decidió proseguir hasta Dolores, a donde arribaron al anochecer del día 15 de septiembre de 1810.

Frente a la gravedad de la situación, Allende se asustó y sugirió que lo mejor era escapar a la brevedad. Hidalgo por el contrario, consideró que lo más conveniente era iniciar el levantamiento inmediatamente.

Aldama apoyaba a su amigo Allende, pero Hidalgo estaba decidido. En ese momento les dijo: "señores, somos perdidos, aquí no hay más remedio que ir a coger gachupines". Fueron tan enfáticas sus palabras que los dos militares dejaron atrás el miedo y obedecieron las órdenes del cura, que se convertía así en el caudillo militar de la insurrección.

Hidalgo dictó sus primeras medidas: envió a uno de sus hombres a apresar a los sacerdotes españoles que vivían en Dolores; a otro de sus leales lo mandó a detener a los comerciantes gachupines; a unos más los envío a reunir a sus partidarios y él se dirigió a la casa del subdelegado, donde en ese momento se alojaba el recaudador del diezmo eclesiástico: ahí, pistola en mano, seguido por sus hombres, lo obligó a entregar todo el dinero que tenía. En seguida fue a la cárcel del pueblo y liberó a los presos, los cuales se unieron de inmediato a él, al igual que el escuadrón de Dragones de la Reina que estaba en Dolores.

Satisfecho con sus primeros movimientos, a las cinco de la mañana del domingo 16 de septiembre, Hidalgo se encaminó a su parroquia. En la plaza del pueblo los indios, que comenzaban a montar sus puestos pues era día de mercado, lo saludaban besándole la mano. Hidalgo subió las escalinatas que conducen a la puerta del templo, y desde allí ordenó al campanero que llamara a misa.

El tañido de las campanas apenas se disipaba cuando la gente comenzó a reunirse por centenares en el atrio de la parroquia. Entonces se escuchó la voz potente del cura de Dolores que resonaba con vibrante emoción. Les dijo, con emotivas palabras, que se levantaban en armas, explicándoles las razones de la insurgencia, lo que los obligaba a recurrir a la guerra, la causa última por la cual estaban dispuestos a dar la vida: "mírense las caras hambrientas, los harapos, la triste condición en la que viven, porque nosotros somos los verdaderos dueños de estas tierras". Y terminó gritando "¡Viva la Religión! ¡Viva Fernando VII! ¡Muera el mal gobierno!

La celebración de Independencia se realiza desde 1812: el insurgente Ignacio Rayón fue el primero en festejarla, cuando la guerra continuaba. Más tarde, Morelos decretaría como solemne la fecha del 16 de septiembre. Desde la década de 1840, la celebración comenzó a realizarse la noche del 15 de septiembre, debido a que al otro día el Presidente presentaba su informe al Congreso. El primer gobernante que dio propiamente "el grito", es decir, que se asomó al balcón para arengar a la gente reunida, fue Maximiliano, en septiembre de 1864, en el pueblo de Dolores donde Hidalgo había comenzado la guerra de Independencia.

La gente lo aclamó y pronto el cura se vio rodeado de centenares de partidarios. Todos lo conocían, todos lo querían y respetaban, todos estaban dispuestos a seguir a su pastor, todos comprendían que ese 16 de septiembre de 1810, su párroco, Miguel Hidalgo y Costilla había cambiado su vida y la de todos.

En pie de guerra

El nuevo virrey de la Nueva España, Francisco Javier Venegas, un militar veterano de la guerra contra Napoleón, llegó a la ciudad de México el 14 de septiembre de 1810 y a los pocos días recibió las noticias de la insurrección acaudillada por Hidalgo. Una de sus primeras medidas fue la de ofrecer diez mil pesos a quienes dieran "la muerte que tan justamente merecen por sus horrorosos delitos" a los tres cabecillas principales de la insurrección. Ésta y otras medidas igual de severas le dieron fama de cruel y sanguinario.

El ejército del rey estaba a las órdenes de Venegas; en teoría, sobre el papel, podía disponer de poco más de treinta mil hombres, casi diez mil de tropas veteranas o de línea, y el resto formado por las milicias. Sin embargo, salvo los altos oficiales que eran españoles, los demás eran criollos y las tropas estaban formadas por mestizos y por castas. Venegas desconfió del ejército a su mando, porque buena parte de él podía simpatizar con los enemigos, como ya lo habían hecho regimientos enteros, además de que los diversos cuerpos armados estaban dispersos en un país que no conocía.

Para enfrentar la amenaza de Hidalgo, pocas fueron las disposiciones que Venegas pudo tomar: la más acertada fue confiar las operaciones militares en las hábiles manos del brigadier Félix María Calleja del Rey, quien hizo ver su suerte a las tropas conspiradoras.

El virrey Venegas bautizó a los rebeldes y les dio un nombre imperecedero: tratando de referirse a ellos en términos despectivos comenzó a llamarlos "insurgentes", pensando que así los insultaba. Ellos, en cambio, en lugar de sentirse humillados, se apropiaron del nuevo apelativo, y lo empezaron a utilizar para distinguirse de sus enemigos, los realistas.

El ejército de Hidalgo, conocido como ejército insurgente, había sumado de manera espontánea, además de los presos y los soldados del regimiento de Dragones de la Reina, a los vecinos del pueblo que querían seguir a su párroco.

Al pasar por el santuario de Atotonilco, el cura tomó un estandarte de la Virgen de Guadalupe y lo mostró a su tropa. Fue inmediatamente aclamada y convertida en bandera y símbolo del movimiento. El mismo día entraron a San Miguel el Grande. Ya para ese momento eran más de cuatro mil. Días más tarde, y sin disparar un solo tiro, conquistaron Celaya.

El 28 de septiembre, Hidalgo se presentó en Guanajuato seguido de más de veinte mil hombres. El intendente Juan Antonio Riaño se negó a rendirse y en lugar de salir a batir a los insurgentes al despoblado, como se le había aconsejado, resolvió encerrarse en la Alhóndiga de Granaditas, sólido edificio donde esperaba resistir el ataque. Fue un gran error. Riaño apenas contaba con unos pocos centenares de soldados del regimiento provincial de Guanajuato, así como algunos vecinos armados. Además, los gruesos muros de la Alhóndiga solo podían ofrecer una aparente defensa: dominada por otros edificios más altos, y sin vías de escape, era irremediablemente una trampa mortal.

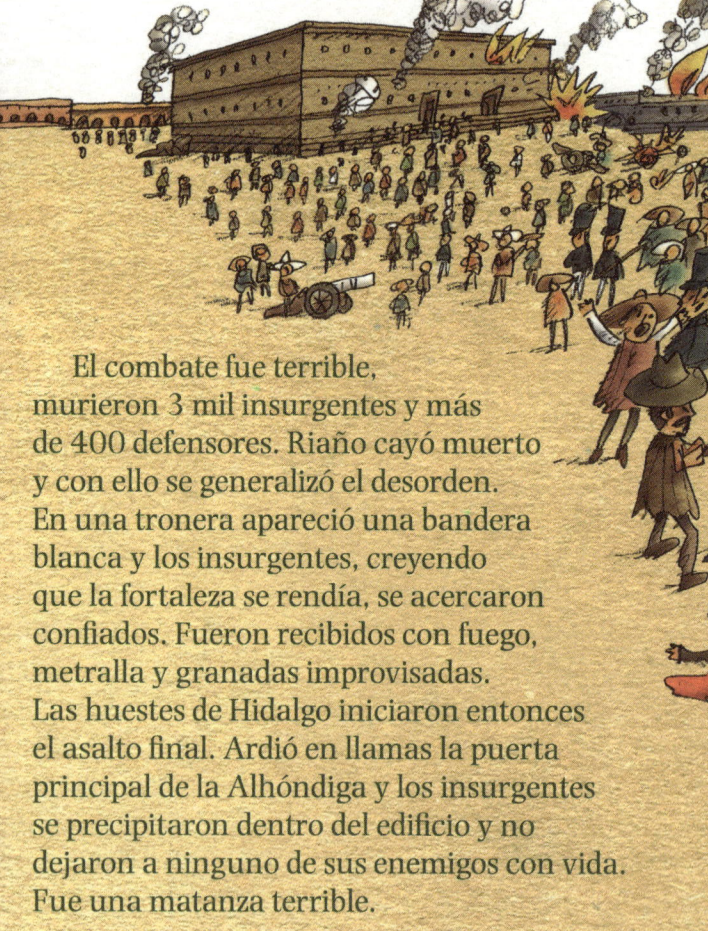

Entre 1810 y 1815 se dieron las principales acciones militares y fue la etapa más sangrienta. En Valladolid y Guadalajara, Hidalgo toleró asesinatos de españoles como venganza, y el gobierno insurgente instalado en Guadalajara expidió una orden condenando al degüello a todo español que hablare o hiciera algo en contra de la insurgencia; además, advirtió que se ejecutaría a todos los prisioneros europeos antes de cualquier batalla.

Por su parte, Calleja mandó que en cada pueblo se fusilara a cuatro vecinos por cada uno de los realistas que fuesen asesinados en ese lugar, y arrasó e incendió pueblos enteros como Zitácuaro. También el virrey Venegas colaboró con la violencia: ordenó que todos los insurgentes capturados fueran pasados por las armas inmediatamente, incluyendo a clérigos y frailes.

El combate fue terrible, murieron 3 mil insurgentes y más de 400 defensores. Riaño cayó muerto y con ello se generalizó el desorden. En una tronera apareció una bandera blanca y los insurgentes, creyendo que la fortaleza se rendía, se acercaron confiados. Fueron recibidos con fuego, metralla y granadas improvisadas. Las huestes de Hidalgo iniciaron entonces el asalto final. Ardió en llamas la puerta principal de la Alhóndiga y los insurgentes se precipitaron dentro del edificio y no dejaron a ninguno de sus enemigos con vida. Fue una matanza terrible.

Días después, Hidalgo ordenó el avance rumbo a Valladolid, ciudad a la que entró triunfalmente. Luego dispuso la salida hacia la capital del Virreinato, la ciudad de México. En el camino, entre los poblados de Charo e Indaparapeo, en Michoacán, se presentó también el cura José María Morelos y Pavón, a quien Hidalgo encomendó que levantara en armas el sur de la Nueva España. En Acámbaro se hizo una revista general del ejército: se llegaron a contar cerca de ochenta mil hombres. Allí Hidalgo fue proclamado generalísimo y Allende ascendido a capitán general. Más adelante, en Maravatío, se les unió el licenciado Ignacio Rayón.

Tras su paso por el Bajío, los insurgentes avanzaron sobre el valle de México. El virrey Venegas envió una división bajo el mando del teniente coronel Torcuato Trujillo, para observar los movimientos de Hidalgo y detenerlo si fuera posible. El 30 de octubre de 1810, los insurgentes se enfrentaron a las tropas realistas en el Monte de las Cruces. Los rebeldes se alzaron con la victoria. El camino a la capital de la Nueva España estaba despejado pero Hidalgo decidió no tomar la ciudad, lo cual, a la postre, significó su derrota.

Aunque la guerra de Independencia llevaba más de un mes y medio de iniciada, era evidente que entre Hidalgo y Allende había graves diferencias. Al momento de iniciar la insurrección y ante la urgencia de tomar medidas drásticas, Allende había decidido seguir a don Miguel Hidalgo a pesar de que la guerra se iniciaba de manera contraria a su parecer: Allende quería una campaña militar rápida, hecha por las tropas regulares de los regimientos y batallones cuya oficialidad criolla combatiría en forma disciplinada para lograr la Independencia con poca sangre y mucho orden. En cambio, Hidalgo alentó a la gente del pueblo —indios y castas— a unirse a la causa, transformándola en un deseo de vengar los agravios de los criollos, en una verdadera revolución social.

Allende había sido el más activo conspirador de las juntas que se celebraban en Querétaro, donde se le confirió la misión de sondear y convencer para la causa a otros militares criollos como él. Así reclutó a sus amigos Juan Aldama y Mariano Abasolo, y a muchos otros oficiales. Desde esos tiempos, sus andanzas lo habían llevado a comprometerse peligrosamente: no tuvo empacho en pintar en una tienda de campaña la leyenda "Independencia, cobardes criollos". A principios de 1810 había sido llamado a presencia del entonces virrey Arzobispo Lizana y Beaumont, quien sabedor de sus ideas, quiso reducirlo personalmente al orden. Allende no hizo caso del paternal regaño y siguió conspirando. Comenzada la guerra, en el mes septiembre, a pesar de su condición militar, se puso a las órdenes de Hidalgo.

Los problemas entre ambos caudillos habían empezado pronto. Ya en Guanajuato, el pillaje y la matanza innecesaria en la Alhóndiga de Granaditas ocasionaron el primer disgusto serio entre los dos. Allende acusó a Hidalgo de tolerar los desmanes, pero éste le respondió que era la única manera de ganar gente para la causa.

Y sus diferencias crecieron después de la victoria del Monte de las Cruces, cuando, a pesar de que el siguiente movimiento natural era tomar la ciudad de México, Hidalgo decidió no hacerlo y ordenó la retirada con rumbo a Querétaro. Su decisión fue en contra de la opinión de los demás jefes insurgentes, especialmente de Allende, quienes sabían la importancia estratégica de tomar la capital. Se dice que para estos días, Allende "andaba ya desabrido con Hidalgo por celos de autoridad".

El ejército de Hidalgo

Hidalgo recibía a todo el que quisiera incorporarse a su ejército, nombrando capitanes a los que se presentaban con cien hombres y coroneles a los que traían mil. Aunque había también soldados realistas que se habían sumado a la Independencia, y que formaban regimientos disciplinados, en la tropa predominaban indios y rancheros que, mal armados con machetes, lanzas, hondas y sólo algunos fusiles, imponían más por su número que por la calidad de sus soldados.

En el trayecto hacia Querétaro desertaron casi la mitad de los hombres que llevaba Hidalgo, desalentados, porque lo único que les había interesado era el pillaje de la capital. Mientras tanto, Calleja y el militar realista Flon, que habían saqueado Dolores, comenzaban su marcha hacia México. El 6 de noviembre de 1810, cerca del pueblo de San Jerónimo Aculco, se encontraron insurgentes y realistas. No hubo en realidad una batalla. Bastaron los movimientos de las tropas de Calleja, que maniobraban en orden sobre el terreno, así como unos cuantos cañonazos, para que los insurgentes se desbandaran y huyeran.

Hidalgo se fue para Valladolid y luego a Guadalajara. Allende, con el resto del ejército y los principales generales, trató de hacerse fuerte en Guanajuato. Calleja se presentó frente a esa ciudad y la atacó durante varias horas. Cuando ya no fue posible la resistencia, Allende ordenó la retirada, dejando la retaguardia al cuidado de Mariano Jiménez. Ellos lograron escapar, mientras el pueblo de Guanajuato, enardecido, asaltó nuevamente la Alhóndiga de Granaditas, donde había más de doscientos prisioneros españoles que fueron degollados. Calleja, en represalia, mandó colgar a todos los que habían apoyado a la insurgencia.

Luego de la derrota en Guanajuato, Allende se dirigió a Guadalajara en donde se enteró de las matanzas nocturnas de españoles que se hacían con la anuencia del generalísimo Hidalgo. Allende comenzó a ver al "bribón del cura", como despectivamente se refería a él, como una amenaza para el movimiento. En su proceso, Allende confesaría que había consultado si sería lícito darle un veneno a Hidalgo para terminar con los asesinatos y su despotismo.

Sin embargo, en Guadalajara la insurgencia logró algo inimaginable: volvió a juntar un gran ejército. Más de cien mil hombres, veinte mil de ellos de caballería, y 95 cañones, estaban listos para enfrentar a Calleja, quien apenas traía seis mil hombres y 10 cañones. El 17 de enero de 1811 se libró la batalla del Puente de Calderón que fue conducida torpemente por los insurgentes, quienes no supieron aprovechar su superioridad numérica. Se conformaron con desplegar sus tropas, pero sin intentar ningún avance, confiando en su imponente artillería, pero ésta de nada les sirvió: compuesta por cañones de gran peso y tamaño —provenientes de barcos y de los baluartes del puerto de San Blas— no tenían la capacidad de moverse y apuntarse con facilidad y rapidez.

Al ver a los insurgentes estáticos, Calleja decidió tomar la iniciativa, y en un primer ataque fue rechazado. Los insurgentes habrían podido entonces contraatacar a los realistas, pero no lo hicieron. Hidalgo y sus generales olvidaron que la indecisión es el primer paso de la derrota, y aprovechando la inmovilidad insurgente, Calleja volvió a ordenar el ataque.

La leyenda habla de que un carro de municiones explotó y dispersó a los insurgentes pero en realidad fueron vencidos por los repetidos asaltos de las tropas de Calleja, que golpeaban las filas insurgentes sin que éstas atacaran a su vez. La derrota fue definitiva.

Hidalgo y los demás caudillos intentaron escapar hacia el norte, para dirigirse a los Estados Unidos en busca de armas y ayuda. En el camino, en la hacienda de Pabellón, en Aguascalientes, Hidalgo fue despojado del mando y Allende lo asumió. Para ese momento el ejército no llegaba ni a cuatro mil soldados, y en Saltillo lo dejó en las manos de Ignacio Rayón.

Aunque Hidalgo y Allende estaban seriamente disgustados, todavía firmaron juntos la respuesta al indulto que les ofreció el virrey Venegas. En marzo de 1811, los jefes insurgentes dejaron Saltillo escoltados por menos de mil hombres, y en las Norias de Nuestra Señora de Guadalupe de Baján fueron sorprendidos por las tropas del realista Ignacio Elizondo.

Los más importantes caudillos de la insurrección, Hidalgo, Allende, Aldama y Jiménez, así como otros muchos oficiales más, fueron llevados a la ciudad de Chihuahua, donde después de un proceso, los condenaron a muerte. A pesar de sus diferencias, la idea de la Independencia que había hermanado a Hidalgo y Allende antes de la guerra, volvió a unirlos durante el juicio que se les entabló. Los dos fueron fusilados en Chihuahua.

Mujeres realistas

En el bando realista las mujeres también colaboraron activamente. En noviembre de 1810, las señoras de Izúcar se ofrecieron como voluntarias para preparar los alimentos para la tropa y atender a los heridos realistas. En la capital, se llevó a cabo una leva (reclutamiento) de patriotas marianas, damas de la alta sociedad que harían guardia perpetua ante la imagen de la Virgen de los Remedios, aunque muchas acabaron por pagar a sustitutas que cubrieran por ellas los servicios. Fue muy conocido el caso de la esposa de Calleja, Francisca de la Gándara, quien llegó a ser la primera y única virreina mexicana que fue capturada por los insurgentes y canjeada por la esposa de uno de ellos, Rafael Iriarte.

Genio militar y siervo de la nación

AL TIEMPO EN QUE HIDALGO Y ALLENDE REALIZABAN SU CAMPAÑA MILITAR, EL CURA MORELOS HABÍA COMENZADO A ORGANIZAR SU EJÉRCITO PARA CUMPLIR CON LAS ÓRDENES QUE LE HABÍA DADO HIDALGO: LEVANTAR EN ARMAS LA REGIÓN DEL SUR.

Cuando Hidalgo y Allende fueron fusilados entre junio y julio de 1811, Morelos tomó el mando del movimiento y lo concentró en la región sur de la Nueva España, pues era su zona de influencia. Para emprender su cometido, salió de su curato con apenas una veintena de hombres armados con lanzas. En la difícil y áspera geografía y en el clima tórrido de aquellos rumbos, la sotana le estorbaba. Pronto la abandonó y vistió pantalón blanco, camisa y "un ceñidor de hiladillo envuelto en la barriga, su par de pistolas colgadas y un sable en la mano", indumentaria guerrera con la que recibió su bautizo de fuego al tratar de acercarse a Acapulco, derrotando a las partidas realistas de la zona.

Sin embargo, el asedio del puerto, atracadero del famoso Galeón de Manila, fracasó debido a una traición. Pero no importó: entre noviembre de 1810 y febrero de 1812, cuando llegó a Cuautla, Morelos ya había conquistado Zacatula, Petatlán, Tecpan, Atoyac, Coyuya, Chilpancingo, Tixtla, Chilapa, Tlapa, Chiautla, Izúcar, Taxco, Tenancingo y Cuernavaca.

El ejército de Morelos

Su ejército era pequeño, disciplinado y ordenado. Nunca sobrepasó los seis mil soldados, que reclutaba a partir de una selección de los mejores hombres de cada pueblo, jóvenes, fuertes y conocedores del manejo de las armas, a quienes se adiestraba y disciplinaba con rigor. Morelos concedió gran importancia a la capacidad de movimientos de su ejército, y prefirió pocos soldados pero muy competentes. Con sus disciplinadas tropas, Morelos atacaba las vías de comunicación, dislocaba al comercio, conocía las rutas de acceso y de escape, se adaptaba a las condiciones del terreno y sabía sacar el mejor provecho de ellas.

A sus triunfos bélicos añadió la admiración de los pueblos y el temor de los realistas. Velocidad, destreza, visión estratégica del amplio territorio recorrido, golpes terribles a las tropas del rey, que no alcanzaban a saber de dónde venía Morelos, ni tampoco, después de la vapuleada que les daba, hacía dónde iría. Nunca en este tiempo perdió la ofensiva. Siempre adelante, marchaba, sorprendía, derrotaba y luego partía hacia un nuevo objetivo.

Llenos de pánico, sus enemigos tratarían de justificarse diciendo que esta era "una guerra que jamás se ha visto". Sus triunfos le valieron que la Junta de Zitácuaro lo nombrara teniente general, que después lo ascendiera a capitán general y que, por último, fuera designado por aclamación unánime, generalísimo de todas las armas insurgentes.

El año de 1812 fue el más brillante de su vida militar. Empezó en Cuautla, donde logró resistir el sitio que las fuerzas de Calleja le impusieron durante setenta y dos días. Más de seis mil realistas, entre ellos los soldados de los cuerpos expedicionarios españoles, fueron incapaces de someter a los tres mil hombres de Morelos que se fortificaron allí. No importó el hambre ni la sed, la carencia de municiones o el terrible calor. Morelos y sus hombres resistieron hasta la tentación del indulto que les ofreció Calleja. Se decidió a romper el sitio —pocos son los casos de epopeyas similares que registra la historia universal— y sin que pudieran detenerlo, salió de Cuautla, victorioso.

La Junta de Zitácuaro, también conocida con el nombre de Suprema Junta Nacional Americana o Suprema Junta Gubernativa de América, fue un consejo formado en la villa de Zitácuaro, a instancias de Ignacio Rayón quien, luego de la muerte de los primeros caudillos insurgentes, quedó como jefe del movimiento de Independencia. Este consejo fue el primer intento formal de dotar de una estructura política al movimiento y el antecedente directo del Congreso de Chilpancingo. Entre 1811 y 1813, la junta representó la máxima autoridad política e intentó reunir bajo un solo mando a todos los grupos insurgentes que se encontraban en armas. Trató de dar orden político y administrativo a los territorios ocupados por los rebeldes.

Luego se dirigió a Chilapa y liberó Huajuapan, que resistía otro sitio de los realistas. Más tarde tomó Tehuacán y conquistó Orizaba, y finalizó el año atacando Oaxaca, donde obtuvo un gran triunfo, el más importante de su carrera militar.

En enero de 1813 volvió sobre Acapulco. Este fue su error. Le era factible atacar Puebla y después, arriesgándose, hasta la propia ciudad de México, pero pudo más el recuerdo del mandato que le había otorgado el padre Hidalgo. Perdió un tiempo valioso, pues el puerto no se rindió sino hasta el mes de agosto. Mientras tanto, los realistas, por órdenes del ya para entonces virrey Calleja, se reagruparon y organizaron para atacarlo. Para Calleja, la derrota de Morelos, a quien no perdonó nunca el haberlo vencido en el sitio de Cuautla, se convirtió en asunto personal.

Una de las mayores virtudes militares de Morelos era la capacidad para elegir a sus subordinados. La lista de sus seguidores más importantes se inició con la incorporación de los Galeana, en Tecpan. De ellos el más destacado fue Hermenegildo. Luego, desde su hacienda de Chichihualco, se le unieron los Bravo, encabezados por don Leonardo y su hijo Nicolás.

En Tixtla se adhirió al ejército Vicente Guerrero. En la Costa Grande apareció Juan Álvarez, y en Izúcar le pidió ser admitido el cura de Jantetelco, Mariano Matamoros. Después llegarían el estudiante del Colegio de San Ildefonso, José Miguel Fernández Félix —que sería conocido como Guadalupe Victoria— y el estudiante del Colegio de Minería, Manuel Mier y Terán. Morelos podía sentirse orgulloso de su elección, pues pocos comandantes han contado con tantos colaboradores del prestigio y valor de los suyos.

Hermenegildo Galeana fue el más intrépido de ellos. Acompañó a Morelos en las principales acciones de guerra y mereció obtener el grado de Mariscal, que le otorgó el cura. Sin embargo, a pesar de su lealtad y de su valor, le fue disputada su posición de segundo al mando por Mariano Matamoros, a quien Morelos prefirió por el hecho de que sabía leer y escribir.

Matamoros, por su parte, llegó a vencer en San Agustín del Palmar, cerca de Veracruz, a los cuerpos expedicionarios españoles en 1813, aunque fracasó en las batallas de las Lomas de Santa María, frente a Valladolid, y en Puruarán. Capturado después de esta última, fue fusilado en Valladolid en febrero de 1814. En junio del mismo año, Galeana cayó muerto en combate. Al enterarse de su muerte, Morelos, que todavía lamentaba la de Matamoros, exclamó: "se acabaron mis brazos, ya no soy nada".

En agosto de 1812, una fuerza realista intentó atacar Tehuacán. Morelos envió a los suyos a interceptarla y encomendó la expedición al entonces muchacho de veinte años, Nicolás Bravo, quien derrotó completamente a los realistas. Obtuvo el grado de brigadier y el mando de la provincia de Veracruz. En Medellín recibió la noticia de que su padre había sido ejecutado a garrote vil en la ciudad de México. Se la comunicó el propio Morelos, quien le ordenaba degollar a todos los prisioneros que estaban en su poder. Bravo, contra los mandatos de Morelos, resolvió perdonar a los prisioneros y darles la libertad. Los realistas lo aclamaron y se unieron a sus tropas. Después, al año siguiente, se cubrió de gloria resistiendo un terrible asedio en Coscomatepec. Seguiría combatiendo hasta 1817, cuando fue hecho prisionero.

Tanto Vicente Guerrero como Guadalupe Victoria se ganaron la confianza de Morelos y un lugar en su ejército; el mismo Victoria tendría una participación decisiva en la toma de Oaxaca. A Manuel Mier y Terán lo consideró como el más capaz y entendido de todos. Antes de ser fusilado, a Morelos le preguntaron con quién planeaba las campañas. Respondió que no había necesitado de nadie para hacerlo, pero sí de los conocimientos prácticos de los Bravo, Matamoros y Galeana, que eran además los sujetos de su mayor confianza. Rendía así tributo a la lealtad de sus subordinados.

El talento natural de José María Morelos, así como su concepción del mundo y de la realidad social, lo convirtieron en todo un estadista. Demostró sus aptitudes y cualidades cuando convocó a la reunión del Congreso Constituyente que se efectuó en la ciudad de Chilpancingo, para cumplir así con el mandato que el padre Hidalgo le había dado.

A Morelos le deben haber impactado las palabras que antes le había dicho Hidalgo: "establezcamos un Congreso que se componga de representantes de todas las ciudades, villas y lugares de este reino, que teniendo por objeto principal mantener nuestra santa religión, dicte leyes suaves, benéficas y acomodadas a las circunstancias de cada pueblo: ellos entonces gobernarán con la dulzura de padres, nos tratarán como a sus hermanos, desterrarán la pobreza, moderando la devastación del reino y la extracción de su dinero, fomentarán las artes, se avivará la industria, haremos uso libre de las riquísimas producciones de nuestros feraces países, y a la vuelta de pocos años disfrutarán sus habitantes de todas las delicias que el Soberano Autor de la naturaleza ha derramado sobre este vasto continente".

El Congreso de Chilpancingo

El 13 de septiembre de 1813, en la parroquia de Chilpancingo, se instaló el primer Congreso de Anáhuac también conocido como Congreso de Chilpancingo. Fue organizado a instancias de José María Morelos y Pavón y sería el primer congreso independiente que substituyó a la junta de Zitácuaro. En éste se abolió la esclavitud; se establecieron los derechos del pueblo, sin distinción de clases ni castas; se ordenó el reparto de los latifundios (fincas que tuvieran más de dos leguas), y se votó la declaración de Independencia del trono español. Participaron en él destacados personajes como Ignacio Rayón, Andrés Quintana Roo y Carlos María de Bustamante.

Morelos no se quedó atrás en tan magistrales pensamientos. La víspera de que inauguraran las sesiones del Congreso, le dijo a su secretario particular, Andrés Quintana Roo, que deseba que se hiciera "la declaración de que no hay otra nobleza que la de la virtud, el saber, el patriotismo y la caridad; que todos somos iguales, pues del mismo origen procedemos; que no haya privilegios ni abolengos, que no es racional ni humano, ni debido que haya esclavos, pues el color de la cara no cambia el del corazón ni el del pensamiento; que se eduque a los hijos del labrador y del barretero como a los del más rico hacendado; que todo el que se queje con justicia, tenga un tribunal que lo escuche, lo ampare y lo defienda contra el fuerte y el arbitrario".

Al día siguiente durante el Congreso, el 14 de septiembre de 1813, Morelos dio lectura a su magistral documento, llamado *Sentimientos de la Nación*, en donde escribió "que como la buena ley es superior a todo hombre, las que dicte nuestro Congreso deben ser tales que obliguen a constancia y a patriotismo, moderen la opulencia y la indigencia, y de tal suerte se aumente el jornal del pobre, que mejore sus costumbres, aleje la ignorancia, la rapiña y el hurto". Así concibió Morelos a la patria independiente, con un programa que todavía no se ha cumplido.

Según Morelos sus triunfos militares se debían a la "emperadora guadalupana". En los *Sentimientos de la Nación* propuso la celebración del 12 de diciembre como día dedicado a la "patrona de nuestra libertad".

Pero algunos días después de dar lectura a los *Sentimientos de la Nación*, Morelos salió de Chilpancingo. Trató de despistar a los realistas con informes falsos sobre su destino: dijo que iría a Puebla, cuando en realidad iba a su ciudad natal. No se detuvo sino hasta que acampó en las Lomas de Santa María, a la vista de Valladolid, el 23 de diciembre de 1813. Sin embargo, Calleja no había caído en el engaño. La guarnición realista de la ciudad resistió los ataques de Galeana y de Bravo. Luego llegaron los refuerzos dispuestos por el virrey: las tropas del brigadier Ciriaco del Llano y del coronel Iturbide, un temerario general del ejército realista.

Morelos pensaba dar el asalto definitivo con todas sus fuerzas, pero algo imprevisto truncó su carrera militar: Iturbide apareció en el campamento de las Lomas de Santa María, en un audaz y arriesgado ataque por sorpresa que desorganizó, con menos de cuatrocientos hombres, las filas insurgentes y, aprovechando las sombras de la noche, asaltó las posiciones de Morelos. Iturbide recorrió las Lomas sembrando el pánico y astutamente se retiró. Entre los insurgentes ocurrió una tragedia: por la oscuridad no distinguían a los realistas y comenzaron a tirotearse y matarse entre sí. Cuando amaneció, el ejército insurgente se había dispersado, huyendo hacia Puruarán, donde Morelos decidió presentar de nuevo batalla a Ciriaco del Llano y a Iturbide, que lo perseguían muy de cerca.

Matamoros le hizo ver las inconveniencias del sitio elegido. Era una temeridad, además, enfrentar a los realistas con las tropas que acababan de ser derrotadas, pues primero había que restablecer la confianza de los soldados. Esto manifestaron a Morelos todos los jefes de su ejército, pero contra la opinión de todos resolvió esperar allí. Pero sucedió algo más: Morelos dejó el mando a Matamoros y se retiró, cediendo ante la presión de sus aduladores, que lo convencieron de que no se expusiera. El 4 de enero de 1814, los realistas llegaron a Puruarán y derrotaron por completo a los insurgentes.

El Congreso de Anáhuac, que se había atribuido la dirección de la guerra, despojó a Morelos del mando militar, y él, disciplinado como siempre, acató las órdenes. Más de un año y medio permaneció inactivo, ocupado sólo de algunas pequeñas campañas, casi siempre desfavorables, y de algunas cuestiones políticas. Designado para escoltar al Congreso a Tehuacán, apenas pudo reunir a un millar de hombres. La columna de insurgentes fue sorprendida el 5 de noviembre de 1815 en Temalac. Al empeñarse el combate, Morelos se dio cuenta de que todo estaba perdido. Hizo un último acto de abnegación: le ordenó a Bravo que avanzara y salvara al Congreso, y se dispuso a sacrificarse con tal de que los representantes de la nación escaparan. La suerte de las armas le fue otra vez adversa y fue capturado.

El estado de Morelos

Cuando el emperador Maximiliano tomó posesión de la corona de México, el presidente Benito Juárez tuvo que trasladar la capital de la república a diferentes regiones. Para ello dividió el territorio original del Estado de México en tres distritos militares: el actual Estado de México y los territorios que ahora comprenden los estados de Hidalgo y Morelos. Después del triunfo de los republicanos los nuevos distritos rehusaron reintegrarse y tras un año de deliberaciones el Presidente decidió elevarlos a la categoría de estados. Morelos se erigió como estado el 17 de abril de 1869, rindiendo honor al insurgente José María Morelos y Pavón.

Mientras Morelos era conducido a México, el virrey Calleja preparó la maquinaria de la justicia real contra su gran adversario: lo enjuiciaría y ejecutaría para que "pudiera servir de útil escarmiento" a los demás insurgentes. Con Morelos preso y en sus manos, Calleja se daba por satisfecho. Pensaba que su fusilamiento, el 22 de diciembre de 1815, produciría un "pavor saludable".

La resistencia insurgente

La insurgencia sufrió un serio deterioro a raíz de la muerte de Morelos. Varias fueron las razones de este retroceso; la primera de ellas, la ausencia notoria de un caudillo con el arrastre de Hidalgo o con la genialidad de Morelos. Había muchos hombres comprometidos con la insurrección, que no dejarían las armas ni un momento, pero ninguno alcanzó la estatura de los dos sacerdotes que dirigieron el movimiento entre 1810 y 1815. Además, las circunstancias eran desfavorables para que surgiera un nuevo dirigente. Calleja había obrado astutamente: el ejército realista, fortalecido en número y con la moral alta por las victorias obtenidas, estaba distribuido por todas partes y controlaba la situación militar.

Después del fusilamiento de Morelos, las tropas del rey se dedicaron a una sistemática y continua aniquilación de las partidas insurgentes desunidas, las cuales ofrecían poca resistencia. Por otra parte, la población, que había sido un poderoso auxiliar de los insurrectos, dejó de participar en la guerra. Cinco años de violencia y, sobre todo, las derrotas y la muerte de los principales caudillos, fueron causa del desaliento de muchos insurgentes que optaron por el indulto, al ver que sus esfuerzos eran ya inútiles.

Otros se decidieron a resistir. Si bien ya no podían levantar y organizar ejércitos como antes, se conformaron con pequeños grupos que hacían una guerra de guerrillas contra las tropas realistas: una guerra larga, difícil, pero a la vez desgastante para el ejército del rey, que tenía que permanecer en constante estado de alerta para prevenir los ataques de los osados guerrilleros.

Las partidas más compactas tenían sus propios refugios en una serie de fuertes construidos por ellos mismos, que se distribuían a lo largo del territorio y cerca de los caminos, pero lo suficientemente protegidos por la orografía, que les facilitaba la labor de resistencia. Se edificaban los reductos sobre una fortaleza natural: una montaña. Bastaban piedras, argamasa, unos buenos cañones, y una pequeña tropa bien disciplinada para que los fuertes soportaran el asedio a los que eran sometidos. A la larga, estaban condenados a ser devastados, pero mientras eso sucedía, ocasionaban retrasos, gastos y descalabros a los realistas.

Fueron famosos los fuertes de Monteblanco, al mando del coronel Melchor Múzquiz, que estaba cerca de Córdoba, en el camino que va a Xalapa. Cayó en 1816. En el Bajío, en la parte guanajuatense, estaban los dos fuertes más famosos de la guerra de Independencia: el fuerte del Sombrero y el fuerte de los Remedios. El primero fue construido en el cerro de Comanja, cerca de León, por el guerrillero Pedro Moreno; fue asaltado en 1817. El segundo lo construyeron los hombres de Xavier Mina, por el rumbo de Pénjamo, y soportó el asedio hasta enero de 1818. El fuerte que más resistió fue el de La Jaujilla, cerca de Zacapu, en Michoacán. Allí se refugió la Junta que gobernaba a los insurgentes después de la disolución del Congreso de Chilpancingo. Se rindieron en marzo de ese mismo año.

En 1816, Juan Ruiz de Apodaca, teniente general de la Real Armada, fue nombrado virrey de la Nueva España en sustitución de Calleja. El nuevo virrey, utilizando el rigor cuando era necesario, pero más con actos conciliatorios, logró pacificar casi por completo a la Nueva España. Los efectos de la paz se dejaron sentir: se restableció el comercio, la agricultura volvió a florecer, de las minas se extrajo plata como nunca antes se había hecho.

La paz fue interrumpida cuando el 21 de abril de 1817 desembarcó en Soto la Marina, en las costas de Tamaulipas, el guerrillero español Martín Xavier Mina quien había peleado en su patria contra los franceses, estuvo en prisión, y cuando fue liberado conspiró contra el rey Fernando VII.

En Londres se puso en contacto con partidarios de la Independencia de la Nueva España, entre ellos fray Servando Teresa de Mier, y de allí partió a los Estados Unidos de Norteamérica, donde reclutó voluntarios. Llegó con sólo trescientos hombres y con ellos, en la hacienda de Peotillos, derrotó a una división realista cinco veces más numerosa que sus fuerzas. Se unió a la guerrilla comandada por Pedro Moreno, otro jefe insurgente que combatía en la región de la Huasteca potosina, el Bajío y la actual región del estado de Jalisco y se estableció en el fuerte de El Sombrero.

El virrey Apodaca ordenó combatirlo, declarando que Mina era un "sacrílego, malvado, enemigo de la religión, traidor a su patria y a su rey". Para los españoles, era peor que cualquier insurgente. Las correrías de Mina siguieron por todo el Bajío. Una columna, a las órdenes del coronel Orrantia, se dedicó a perseguirlo, sorprendiéndolo en la hacienda del Venadito. Allí fue muerto Pedro Moreno. Mina fue hecho prisionero y llevado al fuerte de los Remedios donde, el 11 de noviembre de 1817, insurgentes y realistas suspendieron las hostilidades y atestiguaron, en silencio, cómo lo fusilaban por la espalda.

Por ese año en Veracruz operaba Guadalupe Victoria, quien controlaba los caminos que conducían al puerto. Los soldados del rey salían a batirlo con pocas probabilidades de éxito, y sólo había combate si los hombres de Victoria querían; eran guerrilleros, y aparecían y desaparecían como por arte de magia. Las guerrillas eran pequeñas, a lo sumo un centenar de hombres, y todos de caballería. Sin embargo, poco a poco Guadalupe Victoria fue acorralado.

Uno de sus más tenaces perseguidores era el capitán Antonio López de Santa Anna. La búsqueda de Victoria, una auténtica cacería humana, se extendió hasta 1819. De pronto, la persecución cesó. Se llegó a decir que había muerto, pero después se supo que sólo estaba desaparecido.

Guadalupe Victoria tuvo motivos para esconderse a la hora en que se quedó sin hombres: una partida realista capturó dos estandartes insurgentes, llamándolos irreverentemente "pendoncillos con la imagen de Guadalupe", los que fueron vejados y fusilados, y si esto le sucedía a la tela en la que estaba impresa el símbolo, ¿qué no le harían a quien llevaba el mismo símbolo por nombre? Victoria no podía permitir que le pusieran las manos encima, ni tampoco aceptaría el indulto.

Para 1820 sólo resistían las guerrillas de Pedro Ascencio y de Vicente Guerrero. Este último había sido proclamado general en jefe del Sur y se convirtió en el último jefe insurgente que todavía combatía, pues no quedaba nadie de la primera época de la guerra salvo él.

Guerrero logró reunir, en su mejor momento, a casi dos mil hombres y por varios años tuvo en permanente alarma a los realistas, que a pesar de su superioridad numérica, no se daban abasto para contener sus ataques: capturó Axuchitlán, Coyuca, Santa Fe, Tetela del Río, Cutzamala, Huetamo, Tlalchapa y Cualotitlán, y triunfó, según se dice, hasta en veinte encuentros más.

Los horrores de la guerra

La guerra de Independencia tuvo un alto costo en vidas humanas. El carácter de la contienda —una trágica guerra civil— excedió con mucho los campos de batalla y llevó las matanzas hasta la población no combatiente. El diplomático inglés Henry G. Ward afirmaba en 1827 que fueron trescientos mil los muertos, y su apreciación se acerca a la realidad. Además, una epidemia de tifo asoló la ciudad de México y ocasionó alrededor de 20 000 muertos.

A pesar de ello, estaba limitado a operar en la región sureña, pues no podía materialmente salir de ella. Su presencia significaba un constante recordatorio: aunque el resto del país estuviera en paz, la insurrección no se había acabado.

Hacia la libertad

En el año de 1820 se desató una nueva crisis en España, puesto que el rey Fernando VII fue obligado, por el coronel Rafael Diego, comandante del batallón de Asturias, a jurar y reestablecer otra vez la Constitución de Cádiz.

La Constitución de Cádiz había sido promulgada en España en 1812: era de carácter liberal, pretendía limitar el poder absoluto del rey y otorgar mayores derechos a las colonias de España en América, concediéndoles, además, tener sus propios representantes en las Cortes de Cádiz. Sin embargo, entró en vigor en momentos en que, por un lado, en España se peleaba contra la invasión francesa de Napoleón, y en América, los diferentes virreinatos peleaban por su Independencia de España. En marzo de 1814, cuando los franceses finalmente fueron expulsados de España, Fernando VII regresó de su cautiverio y lo primero que hizo fue desconocer la Constitución de Cádiz y reestablecer el absolutismo en España y, por consiguiente, en sus colonias.

El hecho de que en España se restableciera la Constitución liberal de Cádiz preocupó mucho a los españoles avecindados en México, conocidos como peninsulares, porque su puesta en vigor afectaba sus intereses económicos y sociales. También, coincidentemente, la Iglesia católica veía amenazado su poder y lo mismo sucedía con muchas otras instituciones y corporaciones coloniales, que perderían influencia y prestigio si se aplicaba la Constitución.

El temor al régimen constitucional, pero sobre todo, la deslealtad del rey hacia los criollos peninsulares que habían defendido durante diez años su corona en contra de los insurgentes, hizo renacer las esperanzas frustradas en el año de 1808. Resultaba entonces que era más conveniente para todos hacer la Independencia, que seguir bajo la tutela de un monarca ingrato y desleal que imponía a sus súbditos la obediencia a una ley suprema que ignoraba los derechos antiguos en que basaban su prosperidad.

Por tal motivo, en plena ciudad de México se organizó una conspiración para librarse de España de manera definitiva, alcanzar la Independencia y establecer una monarquía absoluta, donde no hubiera Constitución, ni Cortes, sino en donde todo dependiera de la voluntad del rey.

Los conspiradores (entre los cuales se encontraban figuras destacadas, como el canónigo Matías de Monteagudo, y que contaban con la aprobación silenciosa del virrey Apodaca) se reunían en la iglesia de la Profesa de la ciudad de México. Sin embargo, un movimiento a favor de la Constitución de Cádiz surgió entre los criollos veracruzanos, lo cual obligó al virrey Apodaca a jurar la Constitución el 31 de mayo de 1820, con lo cual fracasó el primer plan de los conspiradores de la Profesa.

Una siguiente alternativa fue proclamar la Independencia de México estableciendo una monarquía con un infante de España, pero sin adoptar instituciones constitucionales. Sería una mujer, la famosa María Ignacia Rodríguez, mejor conocida como la "Güera" Rodríguez, quien se encargó de poner en contacto con los conspiradores a un hombre que esperaba la oportunidad para volver a destacar en el escenario de la Nueva España: Agustín de Iturbide, quien resultó ser el hombre providencial que los conspiradores requerirían para llevar a cabo sus proyectos.

Si bien en un principio Iturbide obró supeditado a los deseos de las Juntas, conforme se fue ganando la voluntad del ejército, terminó por proponer un plan distinto: la Independencia de México y una monarquía constitucional moderada. A este plan se sumaron entonces casi todos, peninsulares, criollos y viejos insurgentes.

Iturbide había destacado en la contienda por la Independencia desde muchos años antes: cuando en 1810 Hidalgo entró a Valladolid, sólo un piquete de soldados se mantuvo leal al rey. Eran comandados por Agustín de Iturbide, entonces un teniente de 27 años de edad, pariente por línea materna del caudillo de la insurrección. Hidalgo le ofreció el grado de teniente general, pero rechazó la oferta y, al contrario de sus compañeros de armas que se habían unido a la insurgencia, se trasladó a la ciudad de México a recibir órdenes del virrey Venegas. Incorporado a las fuerzas de Torcuato Trujillo, tuvo su bautizo de fuego en el Monte de las Cruces. Allí se destacó en el cumplimiento del deber y obtuvo por ello el ascenso a capitán.

En 1812 Iturbide se volvió famoso en toda la Nueva España al capturar a un temible guerrillero, Albino García. En Valle de Santiago, Iturbide entró sin ser descubierto por los insurgentes y a pesar de su inferioridad numérica, con sus gritos les hizo creer que toda una división los estaba atacando.

Por esta acción fue premiado con el grado de Teniente Coronel. Luego, una madrugada, en varios lanchones, desembarcó y capturó las fortificaciones insurgentes que había en los islotes de la laguna de Yuriria, donde "sin escapar uno sólo" perecieron todos sus defensores. Mientras Morelos sitiaba Acapulco, Iturbide destrozaba a las tropas de Ramón Rayón en Salvatierra. El virrey Calleja le concedió un nuevo ascenso, el de coronel del Regimiento de Celaya. Iturbide anunció que en esa batalla, la pérdida de los insurgentes había sido de trescientos cincuenta "miserables excomulgados que descendieron a los profundos abismos". Fusilaba a diestra y siniestra, y se dice que una estela de sangre fue señalando todos los pasos de su derrotero.

Las batallas de las Lomas de Santa María y de Puruarán consolidaron su fama. No le podían dar nuevos ascensos, pues su carrera meteórica lo había llevado en tres años de teniente a coronel. Manuel Abad y Queipo, un religioso español, veía a Iturbide como un joven de mucho valor y actividad, aunque también presumido y lleno de ambición y profetizaba al comenzar 1814, que "no sería extraño que andando el tiempo, él mismo fuese el que hubiese de efectuar la Independencia de su patria".

A principios de 1815, el brigadier Llano y el coronel Iturbide intentaron el asalto del fuerte del Cóporo. Fueron repelidos en varias ocasiones. Iturbide dirigió un ataque personalmente con igual resultado. Allí le hizo ver a un compañero "la facilidad con que la Independencia se lograría, poniéndose de acuerdo con los insurgentes las tropas mexicanas que militaban bajo las banderas reales".

Para 1816 ya era comandante del Bajío, pero se vio envuelto en un escándalo. Importantes personajes de Guanajuato solicitaron su destitución. Lo acusaron de latrocinios, saqueos, incendios y tráfico de comercio ilícito y, a pesar de la protección de Calleja, fue depuesto de su cargo y sometido a proceso. Aunque salió absuelto, no quiso volver al mando. Se retiró a una hacienda cercana a la ciudad de México, y según cuenta Lucas Alamán, un importante historiador mexicano, "se entregó sin templanza a las disipaciones de la capital". Tenía que esperar a que llegara su momento.

Y su momento llegó cuando, gracias a la "Güera" Rodríguez, entró en comunicación con los conspiradores que se reunían en la iglesia de La Profesa, en pleno centro de la capital de la Nueva España, y donde admitió la propuesta de encargarse del mando militar del movimiento que conduciría a la Independencia, bajo las bases de la separación de España y del retorno a la situación en que se encontraba el país hasta antes de la promulgación de la Constitución de Cádiz.

Pero para llevar a cabo sus proyectos, necesitaba derrotar a la última partida de insurgentes, que al mando de Vicente Guerrero, inquietaba la región sureña del país.

La consumación de la Independencia

Como nuevo comandante al mando del ejército realista del sur, el coronel Agustín de Iturbide fue a las montañas de Tierra caliente a enfrentarse a Vicente Guerrero, pero éste lo recibió derrotándolo en Zapotepec, el 2 de enero de 1821. Entonces, Iturbide decidió escribirle a su rival. Y Guerrero le respondió: "Usted equivocadamente ha sido nuestro enemigo. Siendo americano, ha obrado mal. Su deber le exige lo contrario. La patria espera de usted mejor acogida. Defienda sus verdaderos derechos y esto le labrará la corona más grande". Sin embargo, Guerrero también le recordaba la opinión tradicional y firme de la insurgencia, que en nada había cambiado: "Nuestra única divisa es libertad, Independencia o muerte". Además, fiel al pensamiento de los primeros caudillos, le dijo que le sería "más glorioso morir en la campaña, que rendir la cerviz al tirano".

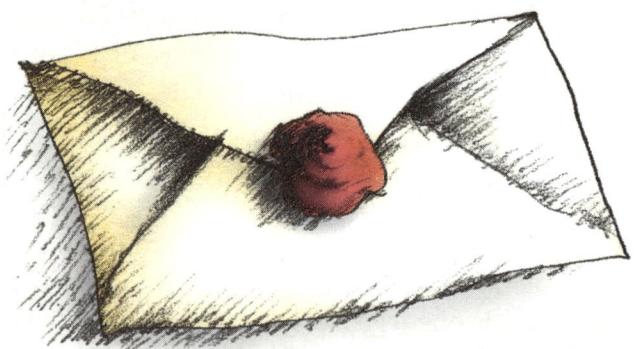

Iturbide le contestó llamándolo "estimado amigo", a la vez que le anunciaba que pronto le daría "un abrazo". Se han hecho muchas conjeturas sobre de quién fue la idea, pero la verdad es muy simple: Iturbide le había hecho una propuesta a Guerrero y éste había aceptado.

Estratégicamente hablando, Guerrero, a pesar de sus triunfos, estaba cercado por Iturbide. No podía enfrentar en una batalla campal al ejército realista. Iturbide, por su parte, requería dejar pacificado el sur, pero necesitaba además la legitimación que sólo el último insurgente podía darle. Guerrero fue muy claro al reconocer la iniciativa de Iturbide y su posición de mando: "no me desdeñaré de ser un subalterno de usted. Con el mayor placer entregaría en sus manos el bastón con que la nación me ha condecorado". Y así lo hizo.

Asegurada ya la lealtad del más antiguo de los insurgentes y decidido a apartarse de las instrucciones que recibió en La Profesa, Iturbide dio un golpe maestro político cuando el 24 de febrero de 1821, al proclamar el Plan de Iguala, anunció que era la "misma voz que resonó en Dolores". Saludó la Independencia y mostró a sus tropas la nueva bandera, la bandera de las tres garantías: el blanco representaba la religión, el verde la Independencia y el rojo la unión. Días después se encontró con Guerrero y las tropas de ambos se fusionaron: así nació el ejército Trigarante, que unía a los mexicanos que habían servido al rey y a los antiguos insurgentes. Desaparecían los realistas y desaparecían también los insurgentes, nombres que abandonaban para enfrentar, juntos, a los verdaderos opositores de la Independencia: los españoles.

El virrey Apodaca puso fuera de la ley a Iturbide y ordenó combatirlo, pero fue inútil. El ejército realista —formado por mexicanos— comenzó a pasarse al lado de Iturbide. Para ello había servido la intensa correspondencia que había sostenido con los principales personajes del momento.

Prefería derramar tinta que derramar sangre. Para los antiguos militares realistas era una cuestión de lealtades: España había sido desleal con ellos al sostener en su Constitución y en las leyes ideas liberales que atacaban sus creencias, al seguir considerando a la Nueva España como colonia, y al no reconocer a los criollos sus méritos adquiridos en diez años de guerra en favor del rey. Iturbide, en cambio, les ofrecía no sólo religión, unión e Independencia, sino el respeto a la tradicional forma de gobierno que habían defendido, la monarquía. La estrategia político-militar de Iturbide funcionó, consiguiendo la adhesión de los principales jefes del ejército.

Superadas algunas dificultades iniciales para organizar sus fuerzas, Iturbide comenzó, a fines de marzo de 1821, desde su cuartel general en Teloloapan, la campaña militar que en seis meses lo llevaría a consumar la Independencia. Ciudades como Valladolid y Querétaro se rendían al aviso de la llegada de Iturbide, o se pronunciaban a su favor aunque estuvieran fuera de su ruta.

Así sucedió también en Guadalajara, Saltillo, Zacatecas, y hasta en Yucatán. En algunos lugares hubo enfrentamientos armados menores, como en Durango, o cerca de Toluca, en la hacienda de la Huerta, todos ellos favorables a los trigarantes.

El Plan de Iguala había convencido a los criollos; el ejército Trigarante engrosó sus filas con oficiales realistas como Antonio López de Santa Anna, José Joaquín de Herrera, Anastasio Bustamante, Manuel Gómez Pedraza, Miguel Barragán y Luis Quintanar. Ellos, en sus diferentes guarniciones se pronunciaron a favor de Iturbide. Incluso se le unieron militares como Pedro Celestino Negrete, José Antonio Echávarri y Domingo Luaces.

Por su parte, muchos antiguos insurgentes aceptaron las comisiones que Iturbide les confería. A Vicente Guerrero lo dejó encargado del rumbo del sur, a Juan Álvarez le encomendó el bloqueo de Acapulco, a Ramón Rayón lo envió a Zitácuaro y a Nicolás Bravo le confío la conquista de Puebla. Otros antiguos insurgentes se mostraban recelosos: Ignacio Rayón no quiso acercársele, y Guadalupe Victoria, que reapareció, no estuvo de acuerdo con él.

Apodaca no pudo contener la deserción de las tropas realistas ni, por consiguiente, el surgimiento de núcleos trigarantes por todo el territorio que, al ponerse a las órdenes de Iturbide, avanzaban hacia la capital. Al virrey sólo le eran leales las tropas expedicionarias españolas cuyos comandantes decidieron deponerlo, acusándolo de los desaciertos cometidos.

Para sustituirlo fue nombrado el mariscal Francisco Novella, quien al poco tiempo recibió la noticia del desembarco en Veracruz de un nuevo virrey enviado desde España, aunque ahora venía con el título de jefe político superior de la Nueva España. Era el teniente general Juan de O'Donojú, que se interesó de inmediato por conocer la situación y comprendió que todo estaba perdido para España. Manifestó su deseo de entrevistarse pronto con el jefe del ejército de las Tres Garantías. Iturbide aceptó de inmediato la conferencia. Se encontraron el 24 de agosto de 1821 y firmaron los Tratados de Córdoba. Uno de los compromisos de O'Donojú fue el de entregar la ciudad de México a los trigarantes, usando su autoridad para que las tropas españolas se rindieran.

Antes de que llegaran a la capital, se libró la última batalla de la guerra, en Atzcapotzalco. Algunos batallones de soldados españoles se enfrentaron a los trigarantes al mando de Anastasio Bustamante, pero fueron rechazados, estableciéndose un riguroso sitio a la ciudad.

En la guerra de Independencia, hubo varias mujeres que combatieron con las armas en la mano, como Manuela Medina, india de Taxco, quien había obtenido el grado de capitana. Se decía que ella se ponía al frente de sus hombres y se lanzaba contra los realistas, quienes huían despavoridos al ver su valor y temeridad. Otra más, recordada sobre todo en Michoacán, es Gertrudis Bocanegra. Fue denunciada y condenada a muerte. El 10 de octubre de 1817 la fusilaron en Pátzcuaro. Antes de morir le gritó a la gente: "¡no desmayéis, seguid luchando por la causa de la patria. Llegará el día de la libertad!"

Otro caso muy conocido es el de Leona Vicario, quien apoyó con sus joyas y dinero a los insurgentes y fue rescatada de la capital y llevada a Oaxaca donde contrajo matrimonio con su prometido, Andrés Quintana Roo.

Muchas otras mujeres aparecieron tras los ejércitos: Calleja se quejaba que durante el sitio que impuso a Cuautla en 1812, las prostitutas ayudaron a la causa insurgente mermando la moral y la combatividad de sus tropas.

Después, O'Donojú entró a la capital, recibió el mando de Novella y en seguida dispuso la salida de los cuerpos expedicionarios para su embarque a España.

El 27 de septiembre de 1821, Agustín de Iturbide, que celebraba su cumpleaños, hizo su entrada triunfal a la ciudad de México al frente de los dieciséis mil soldados del ejército trigarante. Más atrás, al mando de una de las divisiones, desfilaba Vicente Guerrero.

Toda la población se volcó a la calle a presenciar el paso de la columna. Luego, desde el balcón central del palacio, dijo con voz fuerte: "Ya os señalé el modo de ser libres; a ustedes toca el de ser felices". Después siguió la fiesta popular. Ese fue el día de la patria.

Cronología

1808

Agosto 14. Luego de la invasión napoleónica a España, se conocen en México las abdicaciones de los reyes de España Carlos IV y Fernando VII a favor de Napoleón Bonaparte. Las noticias provenientes de España desatan el primer intento de Independencia en la Nueva España.

Agosto 19 y 20. En la Nueva España, Francisco Primo de Verdad establece que ante la ausencia del legítimo rey la soberanía debe regresar al pueblo representado por el Ayuntamiento.

Septiembre 15-16. Es sofocado el intento de Independencia promovido por el Ayuntamiento de la ciudad de México.

1809

Diciembre 21. Es descubierta la conspiración de Valladolid (hoy Morelia), Michoacán, que pretendía alcanzar la Independencia de México.

88

1810

Septiembre 16. Tras ser descubierta la conspiración de Querétaro, el cura Miguel Hidalgo convoca al pueblo, en la parroquia de Dolores, a tomar las armas por la libertad. Lo secundan Ignacio Allende, Juan Aldama y Mariano Abasolo. En Atotonilco, Hidalgo toma el estandarte de la virgen de Guadalupe como enseña del movimiento.

Septiembre 28. Las tropas de Hidalgo asaltan la alhóndiga de Granaditas y toman Guanajuato.

Octubre 20. Entre las poblaciones de Charo e Indaparapeo, en Michoacán, Hidalgo se reúne con el cura José María Morelos y le ordena levantar en armas la costa sur de la Nueva España y tomar el puerto de Acapulco.

Octubre 30. Los insurgentes triunfan en el Monte de las Cruces pero Hidalgo decide no continuar su avance hacia la ciudad de México y se retira.

Noviembre 26. Hidalgo entra a Guadalajara. Se publica el primer periódico insurgente, *El Despertador Americano*.

Diciembre 6. Hidalgo decreta la abolición de la esclavitud y la restitución de tierras, y prohibe los tributos pagados por las castas y contribuciones de los indígenas.

1811

Enero 17. Los insurgentes son derrotados en puente de Calderón, lo que provoca una desbandada general de su ejército y marca el ocaso de su movimiento.

Enero 25. Por sus diferencias con Allende y otros militares, en la hacienda de Pabellón en Aguascalientes, Hidalgo es despojado del mando militar. Allende toma la jefatura del movimiento.

Marzo 21. En su camino hacia el norte de la Nueva España, Hidalgo, Allende, Aldama, Jiménez y Abasolo son aprehendidos en Coahuila, y conducidos, en calidad de prisioneros, a Monclova y luego a Chihuahua.

Junio 26. Allende, Aldama y Jiménez son fusilados.

Julio 30. Hidalgo es fusilado.

1812

Febrero 19. Inicia el sitio de Cuautla que se prolongará durante 72 días. La defensa de la plaza es encabezada por el cura Morelos y sus principales lugartenientes: Mariano Matamoros y Hermenegildo Galeana, entre otros. El 2 de mayo, los insurgentes logran romper el cerco.

Junio 28. Morelos recibe el nombramiento de capitán general.

Noviembre 25. Asistido por Matamoros, Nicolás Bravo y Guadalupe Victoria, Morelos toma Oaxaca.

1813

Abril 12. Morelos ataca y toma el fuerte de San Diego, Acapulco.

Junio 28. Morelos emite la convocatoria para el Congreso de Chilpancingo también conocido como congreso de Anáhuac.

Septiembre 14. Se inaugura el Congreso de Chilpancingo y se leen los *Sentimientos de la Nación*, escritos por Morelos.

Noviembre 6.
Los diputados del Congreso de Chilpancingo firman el *Acta Solemne de la Declaración de Independencia de la América Septentrional* que es el primer documento legal donde se proclama la separación de México con respecto de España.

1814

Febrero 3. Matamoros es fusilado.

Octubre 22. Se promulga en Apatzingán el decreto constitucional para la libertad de la América mexicana también conocido como Constitución de Apatzingán.

Diciembre 22. Morelos es fusilado en San Cristóbal Ecatepec, hoy Estado de México.

1817

Abril 22. Xavier Mina y fray Servando Teresa de Mier desembarcan en Soto la Marina, Tamaulipas, para luchar por la Independencia.

1815

Noviembre 5. Morelos cae prisionero en Temalac, hoy Guerrero.

Noviembre. Mina es capturado y fusilado.

1819
Junio 16. Vicente Guerrero continúa la resistencia insurgente.

1820
Diciembre 31. Proclama de Guadalupe Victoria que continúa en armas por la Independencia.

1821
Febrero 24. Agustín de Iturbide da a conocer el Plan de Iguala con el que proclama la Independencia y organiza el ejército Trigarante, al que se suman Vicente Guerrero y otros viejos insurgentes, así como las tropas realistas.

Agosto 19. Batalla en Atzcapotzalco, última de la guerra de Independencia.

Agosto 24. Son fiirmados los Tratados de Córdoba, por Iturbide y don Juan de O'Donojú, último virrey de la Nueva España, quien se da cuenta de que la situación novohispana está perdida y, por lo tanto, reconoce la Independencia de México.

Septiembre 27. Iturbide entra triunfal a la ciudad de México y se consuma la Independencia luego de 11 años de guerra.

Septiembre 28. Proclamación del Acta de Independencia del Imperio Mexicano.

Bibliografía

Alamán, Lucas, *Historia de México, desde los primeros movimientos que prepararon su Independencia en el año de 1808 hasta la época presente*, México, Instituto Cultural Helénico / FCE, 1985, 5 volúmenes.

Bulnes, Francisco, *La guerra de Independencia. Hidalgo-Iturbide*, México, Editora Nacional, 1969.

Bustamante, Carlos María de, *Cuadro histórico de la Revolución mexicana de 1810*, México, Instituto Nacional de Estudios Históricos de la Revolución Mexicana, 1985, VIII volúmenes.

Castillo Ledón, Luis, *Hidalgo, la vida del héroe*, Morelia, Centro de Estudios sobre la Cultura Nicolaíta, 1993.

Guedea, Virginia, *José María Morelos y Pavón. Cronología*, México, UNAM, 1981.

Hernández y Dávalos, J. E., *Colección de documentos para la historia de la guerra de Independencia de México, de 1808 a 1821*, México, Instituto Nacional de Estudios Históricos de la Revolución Mexicana, 1985, VI volúmenes.

Herrejón Peredo, Carlos (ensayo, selección y notas de...), *Hidalgo, razones de la insurgencia y biografía documental*, México, Secretaría de Educación Pública, 1987, Colección Cien de México.

_____, *Los procesos de Morelos*, Zamora, El Colegio de Michoacán, 1985.

_____, *Morelos, documentos inéditos de vida revolucionaria*, Zamora, El Colegio de Michoacán, 1987.

_____ (compilación y presentación de...), *Repaso de la Independencia*, Zamora, El Colegio de Michoacán, 1985.

Krauze, Enrique, *Siglo de caudillos. Biografía política de México (1810-1910)*, México, Tusquets Editores, 1994.

Lemoine, Ernesto, *La revolución de Independencia, 1808-1821*, México, Procuraduría General de la República, 1994.

_____, *Morelos, su vida revolucionaria a través de sus escritos y otros testimonios de la época*, México, UNAM, 1991.

Miquel i Vergés, José María, *Diccionario de Insurgentes*, México, Editorial Porrúa, 1969.

Mora, José María Luis, *México y sus revoluciones*, México, Editorial Porrúa, 1950, 3 volúmenes.

Zárate, Julio, "La guerra de Independencia", en *México a través de los siglos*, Vol. III, México, Editorial Cumbre, 1977.

Zavala, Lorenzo de, *Ensayo histórico de las revoluciones de México, desde 1808 hasta 1830*, México, Editorial Porrúa, 1969.

La Independencia de México

terminó de imprimirse en 2019
en los talleres de Editorial Impresora Apolo, S. A. de C. V.
Centeno 150-6, colonia Granjas Esmeralda,
alcaldía Iztapalapa, 09810,
Ciudad de México.
Para su formación se utilizó la fuente Photina MT.